essentials

essentials liefern aktuelles Wissen in konzentrierter Form. Die Essenz dessen, worauf es als „State-of-the-Art" in der gegenwärtigen Fachdiskussion oder in der Praxis ankommt. *essentials* informieren schnell, unkompliziert und verständlich

- als Einführung in ein aktuelles Thema aus Ihrem Fachgebiet
- als Einstieg in ein für Sie noch unbekanntes Themenfeld
- als Einblick, um zum Thema mitreden zu können

Die Bücher in elektronischer und gedruckter Form bringen das Expertenwissen von Springer-Fachautoren kompakt zur Darstellung. Sie sind besonders für die Nutzung als eBook auf Tablet-PCs, eBook-Readern und Smartphones geeignet. *essentials:* Wissensbausteine aus den Wirtschafts-, Sozial- und Geisteswissenschaften, aus Technik und Naturwissenschaften sowie aus Medizin, Psychologie und Gesundheitsberufen. Von renommierten Autoren aller Springer-Verlagsmarken.

Weitere Bände in der Reihe http://www.springer.com/series/13088

Eckhard Jesse

Bundestagswahlen

Wahlverhalten – Parteiensystem – Koalitionsszenarien

Springer VS

Prof. em. Dr. Eckhard Jesse
Institut für Politikwissenschaft
Technische Universität Chemnitz
Chemnitz, Sachsen
Deutschland

ISSN 2197-6708 ISSN 2197-6716 (electronic)
essentials
ISBN 978-3-658-18900-6 ISBN 978-3-658-18901-3 (eBook)
DOI 10.1007/978-3-658-18901-3

Die Deutsche Nationalbibliothek verzeichnet diese Publikation in der Deutschen Nationalbiblio-
grafie; detaillierte bibliografische Daten sind im Internet über http://dnb.d-nb.de abrufbar.

Springer VS
© Springer Fachmedien Wiesbaden GmbH 2018

Gedruckt auf säurefreiem und chlorfrei gebleichtem Papier

Springer VS ist Teil von Springer Nature
Die eingetragene Gesellschaft ist Springer Fachmedien Wiesbaden GmbH
Die Anschrift der Gesellschaft ist: Abraham-Lincoln-Str. 46, 65189 Wiesbaden, Germany

Was Sie in diesem *essential* finden können

- Einen Überblick zu den Bundestagswahlen von 1949 bis 2017, jeweils gestaffelt nach drei Phasen: bis zur deutschen Einheit, von 1990 bis 2013, seit der Bundestagswahl 2013.
- Einen Überblick zum Parteiensystem und zu den Parteien, jeweils unterschieden nach drei Phasen: bis zur deutschen Einheit, von 1990 bis 2013, seit der Bundestagswahl 2013.
- Einen Überblick zum Koalitionsgefüge, erneut jeweils unterteilt nach drei Phasen: bis zur deutschen Einheit, von 1990 bis 2013, seit der Bundestagswahl 2013.

Inhaltsverzeichnis

Einleitung 1

Am 24. Januar 2017, exakt acht Monate vor der Bundestagswahl, passierte eine Sensation. Sigmar Gabriel erklärte, als Kanzlerkandidat nicht zur Verfügung zu stehen, da er sich angesichts niedriger Umfragewerte (die SPD rangierte ca. 15 Prozentpunkte hinter der Union) wenig Chancen im Kampf gegen Angela Merkel ausrechnete. Mit diesem Entschluss wurden alle vor vollendete Tatsachen gestellt. Martin Schulz, Präsident des Europäischen Parlaments von 2012 bis 2017, avancierte zum neuen Kanzlerkandidaten und bald auch zum neuen Vorsitzenden der SPD. Dieser Paukenschlag schien ein Befreiungsschlag für die Partei zu sein. Die SPD legte in den Meinungsumfragen massiv zu, die Union sackte ab. Zwei Monate nach Bekanntgabe des Coups hatte die SPD mit über 30 % bei allen acht Meinungsforschungsinstituten die Union fast erreicht. Schulz war nicht in die Kabinettsdisziplin eingebunden, konnte also freier agieren. Dies schien der SPD zugute zu kommen. Doch bei den Landtagswahlen im Saarland, in Schleswig-Holstein und Nordrhein-Westfalen im Frühjahr 2017 musste die Partei krasse Niederlagen hinnehmen. Die Meinungsumfragen Anfang Juni 2017 signalisierten bei allen Instituten einen klaren Vorsprung der Union von 10 bis 16 Prozentpunkten. Innerhalb kurzer Zeit war ein doppelter Meinungsumschwung eingetreten (vgl. Tab. 1.1), während es 2014 und 2015 keinerlei Auf und Ab in den Umfragen gegeben hatte.

Gleichwohl muss die SPD angesichts eines wetterwendischen Wahlverhaltens in keine Resignation verfallen. Wer hätte mit einem Erfolg von Donald Trump bei den amerikanischen Präsidentschaftswahlen gerechnet? Wohl niemand! Ein Stimmungswechsel kann zu einer Wechselstimmung führen. Martin Schulz ist angeschlagen, aber noch nicht abgeschlagen. Wie werden die Bundestagsparteien abschneiden – die Union unter Angela Merkel nach der Flüchtlingskrise und dem Streit zwischen der CDU und der CSU um eine Obergrenze, wie die SPD unter ihrem neuen Kanzlerkandidaten und Vorsitzenden Martin Schulz, durch den

© Springer Fachmedien Wiesbaden GmbH 2018
E. Jesse, *Bundestagswahlen,* essentials,
DOI 10.1007/978-3-658-18901-3_1

Tab. 1.1 „Sonntagsfrage" Bundestagswahlen 2017 (in Prozent)

Wenn am nächsten Sonntag Bundestagswahl wäre …

Institut	Allensbach	Emnid	Forsa	Forsch'gr. Wahlen	GMS	Infratest dimap	INSA	Ipsos
veröffentlicht	**28.01.17**	**21.01.17**	**25.01.17**	**13.01.17**	**5.01.17**	**5.01.17**	**23.01.17**	**29.01.17**
CDU/CSU	36,0	36,0	37,0	36,0	36,0	37,0	32,5	34,0
SPD	23,0	21,0	21,0	21,0	20,0	20,0	21,0	23,0
GRÜNE	9,0	9,0	10,0	10,0	10,0	9,0	8,5	11,0
FDP	7,0	6,0	6,0	6,0	7,0	5,0	7,5	5,0
DIE LINKE	9,5	11,0	9,0	9,5	10,0	9,0	11,0	10,0
AfD	11,5	12,0	12,0	13,0	13,0	15,0	14,5	13,0
Sonstige	4,0	5,0	5,0	5,0	4,0	5,0	5,0	4,0

Quelle: http://www.wahlrecht.de/umfragen/ (29.01.2017)

	Allensbach	Emnid	Forsa	Forsch'gr. Wahlen	GMS	Infratest dimap	INSA	Ipsos
veröffentlicht	**28.03.17**	**25.03.17**	**29.03.17**	**10.03.17**	**23.03.17**	**23.03.17**	**27.03.17**	**23.03.17**
CDU/CSU	34,0	33,0	34,0	34,0	34,0	32,0	32,0	33,0
SPD	33,0	33,0	32,0	32,0	31,0	32,0	32,0	30,0
GRÜNE	7,5	8,0	7,0	7,0	8,0	8,0	6,5	8,0
FDP	6,5	5,0	6,0	5,0	6,0	6,0	6,0	6,0
DIE LINKE	8,0	8,0	8,0	8,0	8,0	7,0	8,5	8,0
AfD	7,0	9,0	7,0	9,0	9,0	11,0	11,0	11,0
Sonstige	4,0	4,0	6,0	5,0	4,+0	4,0	4,0	4,0

Quelle: http://www.wahlrecht.de/umfragen/ (29.03.2017)

(Fortsetzung)

Tab. 1.1 (Fortsetzung)

veröffentlicht	26.05.17	27.05.17	31.05.17	2.06.17	1.06.17	18.05.17	29.05.17	1.06.17
CDU/CSU	37,0	38,0	38,0	39,0	39,0	38,0	35,5	38,0
SPD	26,0	25,0	25,0	25,0	23,0	26,0	26,0	28,0
GRÜNE	8,0	8,0	7,0	7,0	8,0	8,0	6,0	7,0
FDP	9,0	8,0	9,0	8,0	10,0	9,0	10,0	7,0
DIE LINKE	8,0	8,0	8,0	9,0	8,0	6,0	10,0	8,0
AfD	8,0	8,0	7,0	8,0	8,0	9,0	9,0	8,0
Sonstige	4,0	5,0	6,0	4,0	4,0	4,0	3,5	4,0

Quelle: http://www.wahlrecht.de/umfragen/ (1.06.2017)

innerhalb weniger Monate fast 20.000 zumeist junge Leute der SPD beigetreten sind, wie die Grünen unter ihren Spitzenkandidaten Katrin Göring-Eckardt und Cem Özdemir, denen das zentrale Thema „Sicherheit" nicht in die Hände spielt, wie Die Linke, die mit ihren beiden Fraktionsvorsitzenden Sahra Wagenknecht und Dieter Bartsch eine innerhalb der eigenen Reihen nicht ganz unumstrittene Doppelspitze im Wahlkampf bildet? Können die beiden 2013 knapp an der Fünfprozenthürde gescheiterten Parteien reüssieren – die FDP, die unter ihrem unumstrittenen Vorsitzenden Christian Lindner das Tief von 2013 überwunden zu haben scheint, und die AfD, die angesichts der Flüchtlingskrise ein selbst von ihr nicht für möglich erachtetes Hoch erlebt hatte, dann aber mit heftigen internen Streitigkeiten konfrontiert war, so dass nicht die Parteichefin Frauke Petry zur Spitzenkandidatin gekürt wurde, sondern ein Duo aus Alexander Gauland und Alice Weidel.

Dieses Essential besteht aus drei, etwa gleich langen Blöcken, die jeweils dreifach chronologisch untergliedert sind: bis zur deutschen Einheit; zwischen 1990 und der letzten Bundestagswahl 2013; seit 2013.[1] Es liefert in einem ersten Teil eine Übersicht zu den Wahlen in Deutschland, in einem zweiten zum hiesigen Parteiensystem, in einem dritten zum Koalitionsgefüge. Die Tabellen sollen Kontinuität und Wandel auf allen drei Gebieten veranschaulichen.

---

[1]Um den Zusammenhang zu wahren, war es an einigen Stellen zuweilen unumgänglich, alle Phasen zusammen zu berücksichtigen.

Wahlen

2

2.1 Bis 1990

Die Bundestagswahlen seit 1949 führten zu Ergebnissen, mit denen anfangs so nicht gerechnet werden konnte. Die Bürger wählten mit überwältigender Mehrheit demokratische Parteien, anders als in der ersten deutschen Demokratie, der Weimarer Republik. Die Parteien der „Weimarer Koalition" (die SPD, das katholische Zentrum und die linksliberale Deutsche Demokratische Partei) verloren schon bei der ersten Reichstagswahl 1920 die absolute Mehrheit und erlangten sie nie wieder. Bei den beiden Reichstagswahlen 1932 erzielten die antidemokratischen Parteien der NSDAP und der KPD jeweils eine „negative Mehrheit". Sie waren sich nur einig in dem, was sie nicht wollten, aber nicht einig in dem, was sie wollten. Kein Reichstag überdauerte die volle Legislaturperiode.

In der stabilen Bundesrepublik Deutschland wurde der Bundestag hingegen nur dreimal vorzeitig aufgelöst: 1972, 1983 und 2005. Daher kam es lediglich in drei Fällen zu vorzeitigen Neuwahlen, wobei diese 1983 und 2005 nicht auf instabile Verhältnisse zurückgingen. Da das Grundgesetz über kein Selbstauflösungsrecht des Parlaments verfügt, müssen die Parteien den Weg über die Vertrauensfragen gehen, um Neuwahlen herbeiführen zu können.

Im Jahr 1972 tobte in der Bundesrepublik ein heftiger Kampf um die neue Ostpolitik. Die Union verzeichnete „Überläufer" aus den Reihen der Regierungsparteien. Der Versuch von Rainer Barzel, Willy Brandt mit Hilfe des konstruktiven Misstrauensvotums zu stürzen, schlug fehl. Ihm fehlten zwei Stimmen. Wie man inzwischen weiß, hatte die Staatssicherheit der DDR ihre Hände im Spiel. Der CDU-Abgeordnete Julius Steiner stimmte für 50.000 DM gegen Barzel, und der CSU-Abgeordnete Leo Wagner tat dies für den gleichen Betrag wahrscheinlich ebenso. Barzel hatte zwar keine Mehrheit, aber auch Brandt mangelte es bei

© Springer Fachmedien Wiesbaden GmbH 2018
E. Jesse, *Bundestagswahlen*, essentials,
DOI 10.1007/978-3-658-18901-3_2

der anschließenden Abstimmung über den Haushalt an ihr. Brandt musste die Vertrauensfrage stellen, da anders die Patt-Situation nicht zu beseitigen war. Er enthielt sich mit den Mitgliedern des Kabinetts der Stimme und bekam so, wie gewünscht, keine Mehrheit. Die vorgezogenen Wahlen bescherten der SPD, der zum ersten Mal stärksten Partei, und ihrem Koalitionspartner FDP einen Triumph.

Im Jahr 1982 geriet die sozial-liberale Koalition zunehmend in ein schwieriges Fahrwasser. Es kriselte einerseits zwischen der SPD und der FDP, die eine wirtschaftliche „Wende" wünschte, und andererseits zwischen den Flügeln der SPD (wegen des Streits über die Kernenergie und die Nachrüstung). Bundeskanzler Helmut Schmidt trat die Flucht nach vorn an, gab das Ende der Koalition bekannt und fand sich zu sofortigen Neuwahlen mit Hilfe der Vertrauensfrage bereit. Doch nahmen Union und FDP dieses Angebot nicht an, sie wählten stattdessen Helmut Kohl am 1. Oktober 1982 mit Hilfe des konstruktiven Misstrauensvotums zum Bundeskanzler. Da die Liberalen bei der Bundestagswahl 1980 aber noch die SPD unterstützt hatten, bedürfe es, lautete der Tenor der öffentlichen Meinung, eines neuen Wählervotums, um die Regierung zu legitimieren. Helmut Kohl stellte daher am 17. Dezember die Vertrauensfrage. Verabredungsgemäß enthielt sich die große Mehrheit der Koalitionsabgeordneten der Stimme. Bundespräsident Karl Carstens löste nach einigem Zaudern am 7. Januar 1983 das Parlament auf und machte damit den Weg für Neuwahlen frei, welche die Union klar gewann.

Die Lage 2005 war zwischen der von 1972 und der von 1982 angesiedelt. Im Gegensatz zu 1972 hatte Gerhard Schröder 2005 zwar eine knappe Mehrheit, die allerdings nicht annähernd an die Kohls von 1982 heranreichte. Gerhard Schröder verwies auf die Schwierigkeiten in der Zusammenarbeit zwischen Bundestag und Bundesrat, insbesondere auf die Blockadehaltung der Union. Für ihn sei eine Legitimation durch Wahlen unverzichtbar, da Kritiker der Agenda 2010, die er fortzusetzen wünschte, seine Handlungsfähigkeit gefährdeten. Erneut entsprach der Bundespräsident der Bitte des Kanzlers, nachdem dessen Vertrauensfrage gescheitert war, das Parlament aufzulösen. Im Gegensatz zu 1972 und 1983 konnte der bisherige Kanzler nach den Wahlen sein Amt allerdings nicht mehr ausüben, denn seine Partei verlor.

Diese Entscheidungen – des Kanzlers, des Parlaments, des Präsidenten, des Gerichts – stießen nicht nur auf Zustimmung. Der Sinn der Vertrauensfrage, die zur Stabilisierung der Regierung dienen soll, werde in sein Gegenteil verkehrt. Es vollziehe sich ein Verfassungswandel von einer repräsentativen zu einer plebiszitären Demokratie. Ein Selbstauflösungsrecht des Bundestages im Grundgesetz zu verankern wäre hilfreich. Schließlich ist Deutschland von „Weimarer Verhältnissen" weit entfernt.

Bei den Bundestagswahlen ist eine beeindruckende Stabilität der Parteien erkennbar (vgl. Tab. 2.1), sieht man von 1949 ab, als der Aggregatszustand des Parteiensystems noch flüssig war. Die CDU erreichte seinerzeit (es gab nur eine Stimme, die für die Partei und den Wahlkreiskandidaten zählte) 31,0 %, die SPD 29,2 %, die FDP 11,9 %. Die „sonstigen Parteien" verbuchten immerhin 26,9 %. Nachdem die Union bei der zweiten Bundestagswahl eine hauchdünne absolute Mehrheit der Mandate erreicht hatte, fiel das Wort „Wahlwunder" (Dolf Sternberger). Bei den Bundestagswahlen 1972 und 1976 erzielten CDU/CSU, SPD und FDP gar 99,1 % aller Stimmen. Seither ist der Grad der Parteienkonzentration zwar deutlich zurückgegangen, doch liegt er im europäischen Maßstab immer noch hoch. Von 1961 bis 1983 gab es nur drei Fraktionen. Seit 1957 haben außer CDU/CSU, SPD und FDP lediglich zwei andere Parteien die Fünfprozenthürde überwinden können: die Grünen und Die Linke. Seit der deutschen Einheit schnitt die Union fünfmal besser ab (1990, 1994, 2005, 2009, 2013), die SPD zweimal (1998, 2002).

Fungieren die Bundestagswahlen als „Hauptwahlen", sind die anderen Wahlen „Nebenwahlen", die wesentlich, wenngleich keineswegs ausschließlich, von der Bundespolitik geprägt sind. Gleichwohl fallen die Ergebnisse zum Teil anders aus. Auf „Nebenwahlen" treffen folgende Spezifika zu: Der Wahlkampf wird wesentlich auch von Sachthemen (issues) geprägt, für die die Wahl gar nicht bestimmt ist; die Wahlbeteiligung liegt deutlich unter jener der „Hauptwahl"; der Wähler gibt seine Stimme eher einer kleineren Partei; es gilt folgendes Muster: Direkt nach der „Hauptwahl" dürfte die Regierungspartei gut abschneiden, später bedeutend an Stimmen verlieren, ehe sie sich schließlich wieder verbessert. Freilich ist dies ein idealtypischer Verlauf.

Gemäß dem föderativen Prinzip finden in den Ländern alle fünf Jahre (bis auf Bremen: Hier wird wie im Bund aller vier Jahre gewählt) Wahlen statt. Die Wahlbeteiligung liegt im Schnitt zehn Prozentpunkte unter der von Bundestagswahlen. Es gibt Länder mit struktureller Unions- und Länder mit struktureller SPD-Mehrheit. Cum grano salis gilt: Im Süden reüssiert die Union, im (ärmeren) Norden eher die SPD, wenngleich der wirtschaftliche Nord-Süd-Gegensatz längst nicht so ausgeprägt ist wie etwa in Italien. Durch die deutsche Einheit hat sich daran im Prinzip nichts geändert. In der Wahlforschung wird die Frage erörtert, in welchem Umfang die Landtagswahlen durch bundespolitische Umstände geprägt sind. Der Zusammenhang an sich dürfte unbestreitbar sein – die Frage der Gewichtung ist allerdings umstritten. Die Parteien, die in aller Regel Bundespolitiker in den Wahlkampf schicken, neigen häufig dazu, die Landtagswahlen als Test für den Bund anzusehen – wenn sie Erfolg hatten. Im umgekehrten Fall verweisen sie auf regionale Besonderheiten. Tatsächlich beschränken sich die Themen nicht auf

Tab. 2.1 Erst- und Zweitstimmen der Parteien bei den Bundestagswahlen von 1953 bis 2013 (in Prozent). (Quelle: Zusammenstellung nach den Wahlstatistiken)

	CDU/CSU		SPD		FDP		B90/Gr		PDS bzw. Die Linke		Sonstige Parteien	
	Erstst.	Zweitst.	Erstst.	Zweitst.	Erstst.	Zweitst.	Erstst.	Zweitst.	Erstst.	Zweitst.	Erstst.	Zweitst.
1953	43,7	45,2	29,5	28,8	10,8	9,5	–	–	–	–	16,0	16,5
1957	50,3	50,2	32,0	31,8	7,5	7,7	–	–	–	–	10,2	10,3
1961	46,0	45,3	36,5	36,2	12,1	12,8	–	–	–	–	5,4	5,7
1965	48,8	47,6	40,1	39,3	7,9	9,5	–	–	–	–	3,2	3,6
1969	46,6	46,1	44,0	42,7	4,8	5,8	–	–	–	–	4,6	5,5
1972	45,4	44,9	48,9	45,8	4,8	8,4	–	–	–	–	0,9	0,9
1976	48,9	48,6	43,7	42,6	6,4	7,9	–	–	–	–	1,0	0,9
1980	46,0	44,5	44,5	42,9	7,2	10,6	1,9	1,5	–	–	0,4	0,5
1983	52,2	48,8	40,4	38,2	2,8	7,0	4,1	5,6	–	–	0,5	0,4
1987	47,8	44,3	39,2	37,0	4,7	9,1	7,0	8,3	–	–	1,3	1,4
1990	45,7	43,8	35,2	33,5	7,8	11,0	5,6	5,1	2,3	2,4	3,4	4,2
1994	45,0	41,4	38,3	36,4	3,3	6,9	6,5	7,3	4,1	4,4	2,8	3,6
1998	39,6	35,1	43,8	40,9	3,0	6,2	5,0	6,7	4,9	5,1	3,7	5,9
2002	41,1	38,5	41,9	38,5	5,8	7,4	5,6	8,6	4,3	4,0	1,3	3,0
2005	40,9	35,2	38,4	34,2	4,7	9,8	5,4	8,1	8,0	8,7	2,6	3,9
2009	39,4	33,8	27,9	23,0	9,4	14,6	9,2	10,7	11,1	11,9	3,0	6,0
2013	45,3	41,5	29,4	25,7	2,4	4,8	7,3	8,4	7,7	8,6	7,9	11,0

landesspezifische Eigentümlichkeiten, sondern beziehen auch die Bundespolitik ein, zum Teil deshalb, weil die Landespolitik aufgrund ihres geringen Grades an Publizität sich weniger zur Mobilisierung von Wählern eignet, zumal die effektiven Unterschiede zwischen den Parteien als kaum wahrnehmbar erscheinen. Die Hauptregierungspartei im Bund wird bei Landtagswahlen oft „abgestraft".

Seit 1979 gibt es die Direktwahl des Europäischen Parlaments. Die niedrige Wahlbeteiligung liegt sogar unter der Partizipationsrate bei Gemeindewahlen. Bürger bleiben nicht zuletzt aufgrund der unzureichenden Kompetenzen des Europaparlaments der Wahl fern. Europawahlen gelten nicht nur in der Bundesrepublik als Nebenwahlen. Seit 2014 gilt für diese Wahlen die Fünfprozentklausel durch ein Urteil des Bundesverfassungsgerichts nicht mehr, da das Europäische Parlament keine Regierung wählt. Bei allen acht Europawahlen reüssierte die Union als stärkste Kraft.

Nach Art. 28 Abs. 1 GG muss die Bevölkerung nicht nur in den Ländern, sondern auch in den Gemeinden und Kreisen eine aus allgemeinen Wahlen hervorgegangene Vertretung haben. Bei Kommunalwahlen spielen die bundespolitischen Momente eine viel geringere Rolle als bei Europa- und Landtagswahlen. Sie sind angesichts ihres untergeordneten Gewichts also keine Testwahlen, wie beispielsweise auch die niedrige Wahlbeteiligung belegt, die im Schnitt – es gibt Ausschläge nach oben und unten – noch einmal um etwa zehn Punkte geringer ausfällt als bei Landtagswahlen. Die Freien Wähler, die bei Kommunalwahlen zunehmend reüssieren, begründen ihr Engagement damit, dass eine Politisierung den kommunalen Aktivitäten nicht gut tut. Im Gegensatz zu Bundestags- und Landtagswahlen fehlt bei Kommunalwahlen häufig ein einheitlicher Trend, wenngleich mitunter bestimmte Tendenzen – z. B. in Großstädten – auszumachen sind, die sich bei anderen Wahlen offenbaren. Die Wahlforschung hat diesen Bereich bisher ausgesprochen stiefmütterlich behandelt. Zum Teil werden die im Vergleich zum Bund unterschiedlichen Ergebnisse mit der geringeren Partizipation gedeutet, zum Teil mit regionalspezifischen Faktoren (z. B. aufgrund personeller Faktoren).

Prägten in den fünfziger Jahren die konfessionelle und die wohlfahrtsstaatliche Konfliktlinie entscheidend das Wahlverhalten (wobei es mehr auf die Bindung an die Kirchen und die Gewerkschaften ankommt als auf bloße Zugehörigkeit), hat sich in den achtziger Jahren ein weiterer Konfliktbereich dazu gesellt – die ökologische Dimension. Schließlich gibt es seit einiger Zeit einen Streit um „nationale Identität".

Das Wahlverhalten wird stark von den wirtschaftlichen Verhältnissen und der Person des Kanzlers bzw. des Kanzlerkandidaten beeinflusst. So gingen die Erfolge der Union in den fünfziger Jahren nicht zuletzt auf den ökonomischen Aufschwung („Wirtschaftswunder") und die Person Adenauers zurück. Der Kanzlerbonus war im Jahr 1972 ebenso besonders stark („Brandt-Wahlen") wie 1990

(„Kohl-Wahlen") und 2013 („Merkel-Wahlen"). Eine große Schwierigkeit besteht allerdings darin, die einzelnen Faktoren zu gewichten. Etwa: Welche Rolle spielt der Kanzlerbonus, wie stark (und vor allem: wie) schlägt Arbeitslosigkeit auf das Wahlverhalten durch, hat der Wandel der Sozialstruktur einen wesentlichen Einfluss auf das Wahlergebnis, welche Rolle spielt die nachlassende Parteiidentifikation, welche die konfessionelle bzw. gewerkschaftliche Bindung, welche die ökologische und die nationale Dimension?

Die Zahl der Stammwähler hat in Deutschland stark abgenommen. Ihr Schrumpfen ist ein Ausdruck für die größere Offenheit und soziale Mobilität der Gesellschaft im Vergleich zu den fünfziger und auch noch sechziger Jahren. Die Zahl der Wechselwähler ist hingegen gestiegen. Viele Bürger sind nicht mehr auf eine bestimmte Partei fixiert. Parteiprogramme werden damit unwichtiger, Spitzenkandidaten wichtiger. Die Nichtwähler sind keine homogene Gruppe. Ein beträchtlicher Teil stammt aus den – politisch wenig interessierten – niederen sozialen Schichten. Hiesige Wahlabstinenz ist nicht nur auf Protestverhalten zurückzuführen. Die Bundesrepublik gehörte zu den Demokratien mit der höchsten Wahlbeteiligung. Der Wahlakt galt lange als eine Art staatsbürgerliche Pflicht. In den letzten beiden Jahrzehnten jedoch ließ der Wahleifer nach.

2.2   Von 1990 bis 2013

Ungeachtet des weithin hohen Maßes an Kontinuität im Vergleich zur Zeit vor 1990: Die Unterschiede zwischen Ost und West sind bei allen Bundestagswahlen seit 1990 beträchtlich (vgl. Tab. 2.2). Die Wahlbeteiligung liegt im Osten (2009: 65,1 %; 2013: 68,1 %) deutlich unter jener im Westen (2009: 72,7 %; 2013: 73,4 %). Die Union und die SPD (bis auf 2002) schneiden im Westen des Landes besser als im Osten ab – nicht zuletzt wegen der dortigen Stärke der Postkommunisten. Gleiches gilt für die Grünen und die Liberalen (jeweils mit der Ausnahme der ersten Bundestagswahl). Die Gründe: der schwächer entfaltete Mittelstand auf der einen Seite, der geringer ausgeprägte Postmaterialismus auf der anderen. Das Elektorat der Liberalen und das der Grünen gehört überproportional stark zu den im Osten unterrepräsentierten „Besserverdienenden".

Bei den Bundestagswahlen 1990 stimmten die Deutschen in beiden Landesteilen für Schwarz-Gelb. Der Wunsch nach einer schnellen Einheit begünstigte im Osten das Votum für die Union. 1994 hatte Schwarz-Gelb im Westen die Mehrheit, nicht aber im Osten (wegen der dort stärkeren Präferenzen für die PDS). Insgesamt gab das Ergebnis im Westen den Ausschlag. Der Urnengang 1998 förderte ein analoges Abschneiden wie 1990 zutage, diesmal allerdings zugunsten von Rot-Grün in beiden Landeshälften. Die Union hatte in den neuen Bundesländern

Tab. 2.2 Wahlverhalten im Wahlgebiet Ost (mit Berlin-Ost) und im Wahlgebiet West (mit Berlin-West) bei den Bundestagswahlen 1990 bis 2013 im Vergleich (in Prozent). (Quelle: Zusammenstellung nach den amtlichen Wahlstatistiken)

Bundestagswahlen 1990	Gesamt	Ost	West
SPD	33,5	24,3	35,7
CDU/CSU	43,8	41,8	44,3
FDP	11,0	12,9	10,6
B 90/Gr	5,0	6,1	4,8
PDS	2,4	11,1	0,3
Rechtsextreme Parteien[a]	2,4	1,6	2,6
Sonstige	1,9	2,2	1,7
Bundestagswahlen 1994	**Gesamt**	**Ost**	**West**
SPD	36,4	31,5	37,5
CDU/CSU	41,5	38,5	42,1
FDP	6,9	3,5	7,7
B 90/Gr	7,3	4,3	7,9
PDS	4,4	19,8	0,9
Rechtsextreme Parteien[a]	1,9	1,3	2,0
Sonstige	1,6	1,1	1,9
Bundestagswahlen 1998	**Gesamt**	**Ost**	**West**
SPD	40,9	35,1	42,3
CDU/CSU	35,1	27,3	37,0
FDP	6,2	3,3	7,0
B 90/Gr	6,7	4,1	7,3
PDS	5,1	21,6	1,2
Rechtsextreme Parteien[a]	3,3	5,0	2,8
Sonstige	2,7	3,6	2,4
Bundestagswahlen 2002	**Gesamt**	**Ost**	**West**
SPD	38,5	39,7	38,3
CDU/CSU	38,5	28,3	40,8
FDP	7,4	6,4	7,6
B 90/Gr	8,6	4,7	9,4
PDS	4,0	16,9	1,1
Rechtsextreme Parteien[a]	1,0	1,7	0,9
Sonstige	2,3	5,0	1,9

(Fortsetzung)

Tab. 2.2 (Fortsetzung)

Bundestagswahlen 2005	Gesamt	Ost	West
SPD	34,2	30,4	35,1
CDU/CSU	35,2	25,3	37,5
FDP	9,8	8,0	10,2
B 90/Gr	8,1	5,2	8,8
PDS/Die Linke	8,7	25,3	4,9
Rechtsextreme Parteien[a]	2,2	4,2	1,7
Sonstige	1,7	1,5	1,8
Bundestagswahlen 2009	**Gesamt**	**Ost**	**West**
SPD	23,0	17,9	24,1
CDU/CSU	33,8	29,8	34,6
FDP	14,6	10,6	15,4
B 90/Gr	10,7	6,8	11,5
PDS/Die Linke	11,9	28,5	8,3
Rechtsextreme Parteien[a]	2,0	3,5	1,7
Sonstige[a]	4,0	2,9	4,4
Bundestagswahlen 2013	**Gesamt**	**Ost**	**West**
SPD	25,7	17,9	27,4
CDU/CSU	41,5	38,5	42,2
FDP	4,8	2,7	5,2
B 90/Gr	8,4	5,1	9,2
PDS/Die Linke	8,6	22,7	5,6
Rechtsextreme Parteien[a]	1,5	2,9	1,2
Sonstige[b]	9,5	10,2	9,2

[a]1990, 2002, 2005 und 2013 kandidierten die *Republikaner* (REP) und die NPD; 1994 nur die REP; 1998 und 2009 die REP, die NPD und die DVU

[b]2013 kandidierte die *Alternative für Deutschland* (AfD). Sie erreichte insgesamt 4,7 % der Stimmen, im Wahlgebiet Ost 5,8 % und im Wahlgebiet West 4,4 %

nur 27,3 % erreicht, die SPD hingegen 35,1 %. Im Jahre 2002 änderte sich daran nichts Prinzipielles: Die Union steigerte sich um einen Punkt auf 28,3 %, die SPD um 4,8 Punkte auf 39,7 %. 2005 lag die SPD im Osten auch noch vor der CDU, allerdings weniger deutlich. Bei den Bundestagswahlen 2009 und 2013 hingegen brach die SPD in den neuen Bundesländern geradezu ein (jeweils 17,9 %). Hingegen erzielte die CDU 29,8 % und 38,5 %. Wäre nur in den alten Ländern gewählt worden, so hätte es 2002, 2005 und 2013 zu einer schwarz-gelben Mehrheit gereicht, gleiches Wahlverhalten vorausgesetzt. Wie die Beispiele erhellen, hat das Elektorat im Osten andere Mehrheiten herbeigeführt.

Was 1990 kaum jemand für möglich gehalten hätte: Die Nachfolgepartei der SED konnte sich behaupten – und zwar in einem Maße, wie dies wohl selbst die größten Optimisten in der Partei nicht erwartet hatten. Noch bis zur Bundestagswahl 2002 war sie faktisch eine reine Ostpartei. Doch vor allem durch die Hartz IV-Reform Gerhard Schröders schnellte der Anteil für Die Linke ebenso in den alten Bundesländern nach oben. So erreichte sie 2009, begünstigt auch durch die Existenz der Großen Koalition, 11,9 % der Stimmen: 28,5 % im Osten, 8,3 % im Westen. Bei der Bundestagswahl 2013 verlor sie zwar 3,3 Punkte, wurde aber mit 8,6 % dritte Kraft und damit die stärkste Oppositionspartei im Bundestag. Die Prägekraft von über 40 Jahren Diktatur war wohl doch stärker als zunächst vermutet, verblasst nicht von heute auf morgen. Hinzu kommen die ökonomisch, politisch und kulturell schwierigen Probleme der Transformation.

Nicht nur der linke, sondern auch der rechte Rand reüssiert im Osten eher als im Westen, freilich auf einem deutlich niedrigeren Niveau. So konnte die antikapitalistisch auftrumpfende NPD in den neuen Bundesländern 2009 3,1 % der Stimmen erreichen, in den alten bloß 1,1, und 2013 lagen die Werte bei 2,8 bzw. 1,1 %. Die besseren Ergebnisse für die Partei Die Linke und die NPD (freilich auf einem massiv niedrigeren Niveau) im Osten sind einerseits sozialisationsbedingt (erklärbar durch die Zeit vor der Wiedervereinigung: starke DDR-Prägung; mangelnde Weltoffenheit des alten Systems), andererseits situationsbedingt (erklärbar durch die Zeit seit der Wiedervereinigung: u. a. Wegbrechen von Lebensentwürfen; teils hohe Arbeitslosigkeit).

Die höhere Volatilität im Osten ist wesentlich auf die dort geringere Parteibindung zurückzuführen. Mehr als 25 Jahre nach der friedlichen Revolution sind die Parteien im Vergleich zum Westen im „vorpolitischen Raum" weniger gut verankert als im Westen. Allerdings lässt die Parteiidentifikation auch in den alten Bundesländern nach. Das ist weniger ein Zeichen dafür, dass der Osten den Westen beeinflusst. Der Rückgang der Bindekraft an die Parteien hat eine seiner wesentlichen Ursachen in der größer gewordenen Individualisierung und in einer gewissen Einebnung der Wählermilieus.

Bei den Landtagswahlen sieht der Befund etwas anders aus. Ost ist nicht gleich Ost. Wer die Resultate in den neuen Bundesländern seit 1990 miteinander vergleicht, erkennt eine Vielzahl an Parallelen. Der augenfälligste Trend: Die beiden großen Parteien verlieren weithin an Stimmen. Liberale und Grüne haben große Schwierigkeiten, die Fünfprozenthürde zu überwinden. Die PDS, die Linkspartei bzw. die Partei Die Linke konnte sich gegenüber den ersten Wahlen überall beträchtlich steigern; jetzt jedoch stagniert sie, freilich auf einem hohen Niveau. Die drei „Einbrüche" – in Mecklenburg-Vorpommern 2002 mit 8,0 Punkten, im Osten Berlins 2006 mit 19,6 Punkten, in Brandenburg 2014 mit 8,6 Punkten – lassen sich so erklären: Die Wählerschaft strafte die Partei aufgrund ihrer (ersten) Regierungsbeteiligung ab. Insofern ist für Die Linke der Eintritt in eine Regierung ambivalent. Einerseits verliert sie Stimmen, andererseits erfährt sie eine Aufwertung und übernimmt Posten. Die NPD ist davon weit entfernt. Immerhin konnte sie in zwei Landesparlamente einziehen (Sachsen, Mecklenburg-Vorpommern) und dies jeweils wiederholen, doch beim dritten Mal scheiterte sie an der Fünfprozenthürde.

Die Unterschiede zwischen Brandenburg und Sachsen sind auffallend. Die SPD dominiert klar in Brandenburg, CDU und Die Linke kämpfen um den zweiten Platz. Auf die CDU kommt mit gewissen Abweichungen von Wahl zu Wahl nur jede fünfte Stimme. Allerdings ist der Rückgang des SPD-Anteils im Vergleich zu den neunziger Jahren deutlich. Die CDU dominiert in Sachsen noch stärker als die SPD in Brandenburg, auch wenn die Triumphe der Partei aus den neunziger Jahren unter Kurt Biedenkopf der Vergangenheit angehören dürften. Hier hat die SPD bei den letzten vier Landtagswahlen lediglich etwa jede zehnte Stimme erhalten, sie rangiert hinter der doppelt so starken Partei Die Linke, die wiederum nur halb so stark ist wie die Sächsische Union.

Wieso ist Sachsen ein „schwarzes" und Brandenburg ein „rotes" Bundesland? Liegt dies wesentlich an der Prägung durch Persönlichkeiten wie Kurt Biedenkopf und Manfred Stolpe nach 1989? Oder ist die Zeit vor der deutschen Einheit maßgebend? Der Unmut gegenüber dem Kommunismus war im benachteiligten Sachsen weit größer als im begünstigten, Berlin umgebenden Brandenburg. Die friedliche Revolution samt einer schnellen deutschen Einheit ging maßgeblich von Leipzig, Dresden und Plauen aus, während im Berliner Umland lange die Utopie von einem dritten Weg herumgeisterte.

Die Fixierung auf den Ost-West-Vergleich lässt vergessen, dass Deutschland auch eine Nord-Süd-Differenz im Wahlverhalten aufweist. Im eher protestantisch geprägten Norden hat es die Union schwer, im katholischen Süden die SPD. Und bundesweit schwankt das Abschneiden der Parteien stärker als früher. Dieser Befund geht nicht nur auf die neuen Bundesländer zurück. So verlor die SPD bei der Bundestagswahl 2009 11,2 Prozentpunkte, die FDP 2013 9,8 Punkte (sie fiel damit unter die Fünfprozenthürde). 2009 ging der SPD jede dritte Wählerstimme verloren, 2013 konnte die FDP nur jede – frühere – dritte Wählerstimme gewinnen (jeweils im Vergleich zur letzten Wahl).

2.3   Seit 2013

Die Bundestagswahl 2013 endete mit einem paradoxen Ergebnis. Obwohl die Parteien „rechts" der Mitte (die Union, die FDP und die AfD) mehr Stimmen und die Parteien „links" der Mitte (die SPD, Bündnis 90/Die Grünen, Die Linke) weniger Stimmen erhielten als 2009, war dies bei den Mandaten umgekehrt. Der Grund: FDP und AfD scheiterten mit 4,8 und mit 4,7 % knapp an der Fünfprozenthürde. Hingegen gelangten alle drei Linksparteien in dem Bundestag.

Das Scheitern der Liberalen an der Fünfprozenthürde fußte auf vielen Ursachen. Ein Grund liegt in der falschen Koalitionsstrategie des „bürgerlichen" Lagers am Ende des Wahlkampfes: Die FDP übertrieb es nach dem für sie schlechten Ausgang bei der bayerischen Landtagswahl eine Woche vor der Bundestagswahl mit dem „Koalitionswahlkampf" (Stichwort: „Leihstimmenkampagne"), die Union hingegen vermied jeden „Koalitionswahlkampf", um keine Zweitstimmen an die FDP abgeben zu müssen. Die Liberalen hätten wissen müssen: Der Ausgang der bayerischen Landtagswahl mit dem guten Abschneiden der Freien Wähler bedeutet wenig für den Ausgang bei der Bundestagswahl, und die Politiker der Union: Für die Fortsetzung der Koalition bedarf es der Mandate der FDP. Der Union wäre als stärkster politischer Kraft ohnehin das Amt des Bundeskanzlers zugefallen (beim Fehlen einer „bürgerlichen" Mandatsmehrheit).

Bei der ersten Stimmabgabe nach der Bundestagswahl 2013, der Wahl zum Europäischen Parlament am 25. Mai 2014, konnten erneut alle Bundesbürger teilnehmen. Ihr gingen Querelen um die Sperrklausel voraus. Die Fünf-Prozent-Hürde, die von der ersten Europawahl 1979 an galt, hatte das Bundesverfassungsgericht für nicht rechtens erklärt. Der Bundestag reagierte halbherzig und etablierte eine Drei-Prozent-Hürde. Auch diese Regelung „kassierte" das Gericht (im Februar 2014). Durch die Abschaffung der Klausel sei die Funktionsfähigkeit des Parlaments nicht bedroht. Die mögliche Konsequenz der Neuregelung: verstärkte Repräsentanz kleinerer Parteien im Parlament. Allerdings schnitten die Splitterparteien nicht besser ab als bei der vorherigen Wahl. Die Union siegte auch bei dieser Europawahl (trotz Verlusten) klar vor der SPD (trotz Gewinnen). Bündnis 90/Die Grünen mussten ebenso wie die Partei Die Linke (knappe) Verluste hinnehmen. Das Ergebnis für die beiden Parteien, die 2013 hauchdünn den Einzug in den Bundestag verpasst hatten, fiel höchst unterschiedlich aus: Die AfD erreichte auf Anhieb 7,1 %, die FDP mit 3,4 % nicht einmal die Hälfte.

Da in fast allen Bundesländern die Wahlperiode fünf Jahre beträgt und aufgrund der Stabilität der Landesregierungen vorzeitige Neuwahlen ausblieben, fanden nach der Bundestagswahl 2013 nur 13 Landtagswahlen statt. Die Ergebnisse fielen zum Teil gegenläufig aus, zum Teil gleichgerichtet (vgl. Tab. 2.3). Der letzte Punkt betrifft vor allem das überaus positive Abschneiden der AfD. Diese

Tab. 2.3 Landtagswahlen seit den Bundestagswahlen 2013 im Vergleich zu den Wahlen davor (in Prozent; Abweichungen in Prozentpunkten). (Quelle: Amtliche Wahlstatistiken)

Land	Termin	CDU		SPD		B90/Gr.		Die Linke		FDP		AfD		Sonstige	
Sachsen	31.08.14	39,4	(−0,8)	12,4	(+2,0)	5,7	(−0,7)	18,9	(−1,7)	3,8	(−6,2)	9,7	(+9,7)	10,1	(−2,3)
Thüringen	14.09.14	33,5	(+2,2)	12,4	(−6,1)	5,7	(−0,5)	28,2	(+0,8)	2,5	(−5,2)	10,6	(+10,6)	7,1	(−1,8)
Brandenburg	14.09.14	23,0	(+3,2)	31,9	(−1,1)	6,2	(+0,5)	18,6	(−8,6)	1,5	(−5,7)	12,2	(+12,2)	5,6	(−1,7)
Hamburg	15.02.15	15,9	(−6,0)	45,6	(−2,8)	12,3	(+1,1)	8,5	(+2,1)	7,4	(+0,7)	6,1	(+6,1)	4,2	(−1,2)
Bremen	10.05.15	22,4	(+2,0)	32,8	(−5,8)	15,1	(−7,4)	9,5	(+3,9)	6,6	(+4,2)	5,5	(+5,5)	8,0	(−2,4)
Baden-Württemberg	13.03.16	27,0	(−12,0)	12,7	(−10,4)	30,3	(+6,1)	2,9	(+0,1)	8,3	(+3,0)	15,1	(+15,1)	3,7	(−1,9)
Rheinland-Pfalz	13.03.16	31,8	(−3,4)	36,2	(+0,5)	5,3	(−10,1)	2,8	(−0,2)	6,2	(+2,0)	12,6	(+12,6)	5,1	(−1,4)
Sachsen-Anhalt	13.03.16	29,8	(−2,7)	10,6	(−10,9)	5,2	(−1,9)	16,3	(−7,4)	4,9	(+1,1)	24,3	(+24,3)	8,9	(−2,5)
Mecklenburg-Vorpommern	04.09.16	19,0	(−4,0)	30,6	(−5,0)	4,8	(−3,9)	13,2	(−5,2)	3,0	(+0,2)	20,8	(+20,8)	8,6	(−4,9)
Berlin	18.09.16	17,6	(−5,7)	21,6	(−6,7)	15,2	(−2,4)	15,6	(+3,9)	6,7	(+4,9)	14,2	(+14,2)	9,2	(−8,2)
Saarland	26.03.17	40,7	(+5,5)	29,6	(−1,0)	4,0	(−1,0)	12,8	(−3,3)	3,3	(+2,1)	6,2	(+6,2)	3,4	(−8,5)
Schleswig-Holstein	07.05.17	32,0	(+1,2)	27,3	(−3,1)	12,9	(−0,3)	3,8	(+1,5)	11,5	(+3,3)	5,9	(+5,9)	7,6	(−8,5)
Nordrhein-Westfalen	14.05.17	33,0	(+6,7)	31,2	(−7,9)	6,4	(−4,9)	4,9	(+2,4)	12,6	(+4,0)	7,4	(+7,4)	4,5	(−7,7)

zog in alle 13 Landtage ein, Bündnis 90/Die Grünen in elf, Die Linke in neun und die FDP in sieben.

Der Ausgang der drei Landtagswahlen 2014 in Sachsen, Brandenburg und Thüringen ließ die Öffentlichkeit durch die großen Erfolge der AfD aufhorchen. Die FDP ist nun in allen drei Ländern nicht mehr im Landtag vertreten, nachdem sie 2009 sehr gut abgeschnitten hatte. Die Partei Die Linke konnte sich in Thüringen von Wahl zu Wahl verbessern. Das Ergebnis von 28,2 % ist das beste, das sie bei einer Landtagswahl jemals erreicht hat. Die NPD schaffte in keinem der drei Bundesländer den Einzug in das Parlament, also auch nicht mehr in Sachsen (wie 2004 und 2009). Die Resultate für die beiden Volksparteien und für die Grünen fielen durchwachsen aus.

Die Wahlen in den Stadtstaaten Bremen und Hamburg 2015 bestätigten die SPD trotz der Stimmenverluste als eindeutigen Wahlsieger. Die CDU blieb als zweite Kraft klar dahinter, erst recht Bündnis 90/Die Grünen als dritte Kraft. Steigerte sich die Partei Die Linke in beiden Stadtstaaten (vierter Platz), so gelang dies auch der FDP. Sie lag damit vor der AfD, die jeweils knapp die Fünfprozenthürde überwinden konnte. Zu dieser Zeit stand noch der euro(pa)kritische Bernd Lucke an der Spitze der Partei. Er musste nach einem Machtkampf bald dem Gespann um Frauke Petry und Jörg Meuthen Platz machen und verließ mit seiner Richtung die AfD.

Der Ausgang der drei Wahlen am 13. März 2016 in Baden-Württemberg, Rheinland-Pfalz und Sachsen-Anhalt und der beiden Wahlen im September in Mecklenburg-Vorpommern und in Berlin bedeutete für das Wahlverhalten eine Zäsur vor allem in zwei Punkten. Erstens: Die als rechtspopulistisch geltende AfD avancierte in Sachsen-Anhalt (24,3 %) und in Mecklenburg-Vorpommern (20,8 %) zur zweitstärksten Kraft, in Baden-Württemberg (15,1 %) und Rheinland-Pfalz (12,6 %) jeweils zur drittstärksten. In Berlin langte es mit 14,2 % zwar nur zum fünften Platz, aber sie lag damit lediglich knapp hinter der CDU, der Partei Die Linke sowie den Grünen. Die AfD schnitt in Baden-Württemberg, Sachsen-Anhalt und Thüringen besser als die SPD ab, in Mecklenburg-Vorpommern besser als die CDU. Zweitens: Die großen Volksparteien CDU und SPD erreichten in Baden-Württemberg, Sachsen-Anhalt, Mecklenburg-Vorpommern und Berlin zusammen keine 50 % der Stimmen. In Sachsen-Anhalt entfielen auf sie sogar weniger Stimmen als auf die beiden populistischen Kräfte AfD und Die Linke. Und in Berlin erzielte die SPD als stärkste Kraft nur 21,6 %, mit der CDU zusammen nicht einmal 40 %. Das alles hatte es zuvor ebenso nicht gegeben wie die Etablierung der Grünen zur stärksten Kraft in einem Bundesland (Baden-Württemberg).

Vor den drei Landtagswahlen 2017 im Saarland, in Schleswig-Holstein und in Nordrhein-Westfalen hatte die SPD mit Martin Schulz einen neuen Spitzenkandidaten für die Bundestagswahl und neuen Vorsitzenden gekürt, der die Partei in den Meinungsumfragen zunächst fast an die Werte der Union heranführen konnte. Doch schnell begann sein Stern zu sinken. Auch wenn Landtagswahlen naturgemäß nicht allein von der Bundespolitik bestimmt sind, war er offenkundig kein Zugpferd für die SPD, wie die Ergebnisse erkennen ließen. Erlebte die SPD in allen drei Ländern einen Stimmenrückgang, zum Teil einen deutlichen (wie in Nordrhein-Westfalen), gewann die CDU überall hinzu, im Saarland 5,5 Punkte und in Nordrhein-Westfalen sogar 6,7 Punkte – das sind die größten Zunahmen seit der Kanzlerschaft Angela Merkels bei einer Landtagswahl. Der „natürliche" Partner der SPD, Bündnis 90/Die Grünen, musste parallel dazu Einbußen hinnehmen, der „natürliche" Partner der CDU, die FDP, legte deutlich zu. Die AfD überwand zwar die Fünfprozenthürde, aber der Rückgang des Zuzugs von Flüchtlingen löste bei ihr einen Rückgang der Stimmen aus.

Wegen der in den letzten Jahren stark rückläufigen Wahlbeteiligung machten vielfältige Reformüberlegungen die Runde (z. B. „Wahlwochen", „Wahlen im Supermarkt"), um diesem Trend Einhalt zu gebieten. Sank die Wahlbeteiligungsquote noch bei sämtlichen Landtagswahlen 2014/15, so stieg sie 2016 und 2017 überall, und zwar in einer Höhe von 4,1 bis 10,4 Punkten (vgl. Tab. 2.4).

Tab. 2.4 Wahlbeteiligung bei den Landtagswahlen seit den Bundestagswahlen 2013 im Vergleich zu den Wahlen davor (in Prozent; Abweichungen in Prozentpunkten). (Quelle: Amtliche Wahlstatistiken)

Sachsen	49,1	(−3,1)
Thüringen	52,7	(−3,5)
Brandenburg	47,9	(−19,1)
Hamburg	56,5	(−0,8)
Bremen	50,2	(−5,3)
Baden-Württemberg	70,4	(+4,1)
Rheinland-Pfalz	70,4	(+8,6)
Sachsen-Anhalt	61,1	(+9,9)
Mecklenburg-Vorpommern	61,9	(+10,4)
Berlin	66,9	(+6,7)
Saarland	69,7	(+8,1)
Schleswig-Holstein	65,0	(+4,8)
Nordrhein-Westfalen	65,2	(+5,6)

Wie die Wahlforschung zeigen konnte, profitierte davon überproportional die AfD, jedenfalls 2016. Offenbar hatte ein Teil der bisherigen Nichtwähler den Eindruck, eine „echte" Alternative zu den Etablierten sei nun vorhanden. Die Behauptung, eine höhere Wahlbeteiligung schwäche radikalere Kräfte, muss in dieser Pauschalität ebenso wenig stimmen wie das Gegenteil: Eine niedrige Wahlbeteiligung nütze Flügelparteien.

Der Ausgang von Landtagswahlen ist allenfalls bedingt ein Indikator für den Ausgang der Bundestagswahlen, wie beispielsweise das Jahr 2013 illustriert. So triumphierte die Union bei der Bundestagswahl, obwohl sie bei den Landtagswahlen zuvor zum Teil herbe Verluste hatte hinnehmen müssen. Wegen der nachlassenden Bindung an Parteien ist das Ausmaß an Volatilität beträchtlich. Bürger entscheiden kurzfristiger, situativer. Ein markantes Ereignis, etwa ein Attentat durch Fundmentalisten kurz vor der Bundestagswahl, kann sämtliche Vorhersagen über den Haufen werfen.

Parteiensystem und Parteien

3.1 Bis 1990

Ähnlich wie 1933 bedeutete das Jahr 1945 für die Parteien – und nicht nur für sie – eine tiefe Zäsur. Die nationalsozialistische „Bewegung" hatte die anderen Parteien schrittweise verboten und bereits im Juli 1933 einen Einparteienstaat installiert. So waren sie nicht für das Unheil des Dritten Reiches verantwortlich und galten nach 1945 als unbelastet, von dem Makel abgesehen, dass sie – bis auf die SPD und die bereits ausgeschaltete KPD – dem „Ermächtigungsgesetz" ihre Zustimmung gegeben hatten. Muss man mit dem Begriff von der „Stunde Null" vorsichtig umgehen, so ist er für das Parteiensystem weithin angebracht. Aufgrund der Lizenzierungspraxis der Alliierten entstand nach 1945 in den Besatzungszonen ein Vierparteiensystem, am schnellsten – wenn auch nur kurz – in der Sowjetischen Besatzungszone: Die Sowjetische Militäradministration ließ in ihrem Befehl Nr. 2 vom 10. Juni 1945 die Bildung der folgenden vier Parteien zu: der KPD, der SPD, der CDU, der LDPD. Im Westen bildete sich dank der Lizenzierungspolitik anfangs auch ein derartiges Spektrum heraus.

KPD und SPD knüpften an ihre Tradition an, während die anderen beiden Parteien Neugründungen waren. Die Liberalen fanden sich – zunächst unter verschiedenen Namen – in *einer* Partei zusammen (seit 1948 als FDP), und die CDU (in Bayern: die CSU) wollte das Manko des katholischen Zentrums überwinden. Wurde in der SBZ schon bald der politische Monopolanspruch der Kommunisten deutlich – im April 1946 kam es zur Zwangsfusion der KPD mit der SPD unter den Namen SED, zwei Jahre später zur Gründung von zwei Satellitenparteien (der Demokratischen Bauernpartei Deutschlands [DBD] und der National-Demokratischen Partei Deutschlands [NDPD]) sowie zur immer stärkeren Einbindung von CDU und LDPD in kommunistische Positionen –, so war in den

© Springer Fachmedien Wiesbaden GmbH 2018
E. Jesse, *Bundestagswahlen,* essentials,
DOI 10.1007/978-3-658-18901-3_3

Westzonen die Entwicklung zunächst uneinheitlich. Bereits vor dem Verbot durch das Bundesverfassungsgericht 1956 hatte die KPD angesichts der Entwicklung im anderen Teil Deutschlands an Zugkraft verloren – sie sank auf die Existenz einer Splitterpartei herab. Die im Herbst 1968 „neukonstituierte" DKP blieb noch erfolgloser, was die Resonanz bei Wahlen betrifft. Gesellschaftlich war sie allerdings nicht derart isoliert wie die extreme Rechte, die nach dem Verbot der SRP (1952) zeitweilig gewisse Achtungserfolge zu erzielen vermochte (durch die NPD in der zweiten Hälfte der sechziger Jahre, durch die Republikaner Ende der achtziger, Anfang der neunziger Jahre).

Auch nach Aufhebung des Lizenzzwangs behielten CDU und CSU, SPD und FDP ihre tonangebende Rolle bei, wenngleich sich das Parteiensystem etwas aufsplitterte. Apostrophiert als „letzte Weimarer wie erste bundesrepublikanische Wahl" (Jürgen W. Falter), hatte die Bundestagswahl 1949 zu dem Einzug von zehn Parteien geführt sowie dreier – heute vergessener – unabhängiger Kandidaten namens Eduard Edert, Richard Freudenberg und Franz Ott. Gehörten dem zweiten Deutschen Bundestag sechs an (neben den „großen Drei" die Deutsche Partei, der Gesamtdeutsche Block/Block der Heimatvertriebenen sowie das Zentrum) und dem dritten vier (der GB/BHE und das Zentrum nicht mehr), so gab es aufgrund eines lang anhaltenden Konzentrationsprozesses von 1961 bis 1980 nur die drei Fraktionen CDU/CSU[1], SPD und FDP. Scheiterten die Grünen in ihrem Gründungsjahr 1980 mit 1,5 % der Stimmen noch deutlich an der Fünfprozenthürde, zogen sie 1983 und 1987 als vierte Fraktion in den Bundestag ein. Mit dem Aufkommen der Grünen Anfang der 1980er Jahre bildeten sich allmählich zwei Blöcke heraus, bestehend aus jeweils zwei Parteien.

Parteiensysteme können nach verschiedenen Systemeigenschaften untersucht werden: nach der Fragmentierung, der Polarisierung, der Segmentierung, der Volatilität, der Asymmetrie. Mit der letzten Systemeigenschaft ist das Verhältnis zwischen den Parteien bzw. den Parteiblöcken gemeint. Wer auf diese Systemeigenschaft abstellt, vermag das Parteiensystem bis zur deutschen Einheit in drei Phasen zu unterteilen:

Die erste Phase (1949–1969) ist durch eine Dominanz der Union gekennzeichnet. Sie war in den fünfziger Jahren besonders groß. Die SPD hatte kaum eine Chance, den Kanzler zu stellen. Erst in den sechziger Jahren verringerte die SPD den Abstand zur Union. Von 1961 an war die Union vom Wohlwollen der FDP abhängig. Bei der seinerzeit viel erörterten Frage, ob es sinnvoll sei, ein Mehrheitswahlsystem einzuführen, standen sich zwei Positionen gegenüber:

---

[1]CDU und CSU zählen bei einer Betrachtung des Parteiensystems als eine einzige Partei.

Die eine Richtung begrüßte dies u. a. deshalb, weil sie sich davon einen Regierungswechsel versprach; die andere lehnte ein solches Unterfangen ab, weil sie die SPD „ewig" in der Opposition wähnte.

Die zweite Phase (1969–1982) war durch ein Übergewicht der SPD charakterisiert, obwohl diese nur zwischen 1972 und 1976 zur stärksten Partei avancieren konnte. Die Liberalen hatten während der ersten Großen Koalition einen politischen Schwenk vollzogen und sich zur Unterstützung der SPD bereitgefunden. Der Union nützte 1976 in einem Dreiparteiensystem nicht einmal ein Ergebnis von 48,6 %, um den Kanzler zu stellen.

Die dritte Phase (1982–1990) ist wiederum durch eine Hegemonie der Union gekennzeichnet. Die FDP hatte sich von der SPD entfremdet, vor allem wirtschafts- und außenpolitisch, und der Union im Oktober 1982 durch ein konstruktives Misstrauensvotum zur Kanzlerschaft verholfen. Bei den Wahlen 1983, 1987 und 1990 standen die Liberalen hinter der Union. Beide Parteien erreichten eine klare Mehrheit. Die Asymmetrie fiel, wie in der ersten Phase, zuungunsten der SPD aus.

Die These vom Wandel des Parteiensystems kommt einer Binsenweisheit gleich. Aber in der Bundesrepublik Deutschland fiel dieser besonders drastisch aus. In so unterschiedlichen Systemen wie dem Kaiserreich und der Weimarer Republik dominierte Buntscheckigkeit aufgrund festgefügter Milieus. Das hiesige Parteiensystem war vor der deutschen Einheit hingegen „überschaubar". Gleichwohl beschworen ängstliche Gemüter in der jungen Demokratie bisweilen das Gespenst von Weimar herauf, obgleich dafür kein plausibler Anlass bestand.

3.2   Von 1990 bis 2013

Auf den Zusammenbruch der kommunistischen DDR waren die Parteien in der Bundesrepublik Deutschland nicht vorbereitet, geschweige denn, dass sie darauf hingearbeitet hätten. Gleichwohl legten sie eine beachtliche Integrationskraft an den Tag. Die Massenflucht von DDR-Bürgern im Sommer und Herbst 1989 nach Ungarn, Polen und in die CSSR ermutigte die im Lande Lebenden zu friedlichen Demonstrationen („Wir sind das Volk"). Das alte System mit dem Herrschaftsapparat der SED erwies sich als dermaßen entkräftet, als dass es einen revolutionären Umbruch zu verhindern gewusst hätte, zumal sich die oppositionelle Bewegung schnell verbreitete und verbreitete. Der Sturz Honeckers kurz nach dem in gespannter Atmosphäre begangenen vierzigsten Jahrestag der DDR im Oktober 1989 konnte den Zerfall des kommunistischen Herrschaftssystems nicht aufhalten. Sollte der Mauerbau am 13. August 1961 die Menschen im Lande halten, so diente die Maueröffnung am 9. November 1989 demselben Zweck. Obwohl sich die SED in „Partei des Demokratischen Sozialismus" (PDS) umbenannte und den Kurs eines „dritten Weges" zwischen Sozialismus und Kapitalismus einschlug, wurde sie von ihren Mitgliedern scharenweise verlassen. Innerhalb weniger Monate sank der Mitgliederbestand enorm: von 2,3 Mio. (August 1989) auf 700.000 (Januar 1990).

Auch (und erst recht) die bisherigen Blockparteien veränderten innerhalb kurzer Zeit ihr Gesicht. Die CDU und die LDPD lehnten sich dabei an die Parteien im Westen an. Die 1946 ausgeschaltete Sozialdemokratie wurde – noch in der Endphase des Honecker-Regimes – neu ins Leben gerufen, zunächst als „Sozialdemokratische Partei in der DDR" (SDP), um die Eigenständigkeit zu betonen. Mit der Deutschen Sozialen Union (DSU) kam es zu einer Neugründung, die sich an der CSU orientierte. Die bisherigen Massenorganisationen, einst überwiegend ein Transmissionsriemen zur Durchsetzung der Politik der SED, lösten sich bald größtenteils auf.

Die ersten demokratischen Wahlen zur Volkskammer am 18. März 1990 endeten mit einem deutlichen Sieg jener Gruppierungen, die sich an der Union in der Bundesrepublik ausrichteten. Allein die CDU vermochte über 40 % der Stimmen auf sich zu vereinigen. Gemeinsam mit der DSU und dem „Demokratischen Aufbruch" (DA), einer Bürgerbewegung, bildete sie die „Allianz für Deutschland" – sie errang zur Überraschung wohl aller Auguren fast 50 % der Stimmen. Die Sozialdemokratie, organisatorisch noch nicht weit entwickelt, erreichte lediglich etwas mehr als die Hälfte des Anteils der CDU. Nach der Wahl entstand eine übergroße Koalition aus der „Allianz für Deutschland", der SPD und dem „Bund Freier Demokraten" (einem Zusammenschluss verschiedener liberaler Gruppierungen) unter Führung des Ministerpräsidenten Lothar de Maizière (CDU).

Bei den ersten gesamtdeutschen Bundestagswahlen am 2. Dezember 1990 – kurz nach der Einheit Deutschlands – bestätigte sich in den neuen Bundesländern der Trend vom 18. März 1990, mit gewissen Verlusten für die Union. Das im Osten schwache Bündnis 90 schnitt sogar besser ab als die Grünen im Westen, die aufgrund ihrer – vorsichtig formuliert – zurückhaltenden Politik in puncto deutscher Vereinigung nicht mehr in den Bundestag gelangten. Zwar hatten sich im Jahre 1993 Bündnis 90 und die Grünen zu einer Partei zusammengeschlossen (die Ost-Grünen vereinigten sich bereits direkt nach der Bundestagswahl 1990 mit den West-Grünen), aber damit war angesichts der unterschiedlichen Traditionen nicht annähernd eine homogene Gruppierung entstanden. Eine Paradoxie: Obwohl Bündnis 90/Die Grünen in den neuen Bundesländern über keine Machtbastionen verfügte und nur sehr wenige Mitglieder besaß, hat es die Mutterpartei im Westen mehr beeinflusst als umgekehrt. Bei den anderen Parteien wichen die Positionen nicht so weit voneinander ab.

Das Parteiensystem in den alten und neuen Bundesländern hat sich relativ schnell angeglichen. Einerseits war im Osten anfangs das Spektrum in den Parteien insgesamt breiter – eine Folge ihrer mangelnden Etabliertheit. Andererseits lagen die Auffassungen, wird auf das Verhältnis der Parteien zueinander abgehoben, dichter beieinander als im Westen. Vielfach verstanden sich die Parteien als Sachwalter des Ostens, so dass sich leichter Einigungen erzielen ließen. Lagermentalitäten spielten noch keine so dominierende Rolle. Zudem wirkte die weniger auf Konflikt angelegte politische Kultur der Vergangenheit nach. Aber angesichts der Dominanz des Westens haben sich solche Unterschiede bald abgeschliffen.

Wer das Parteiensystem seit 1990 nach der Dominanz untersucht, kann wieder drei Phasen ausmachen, wie vor der deutschen Einheit. In der ersten Phase (1990–1998) gab es eine Hegemonie der Union, die sich allmählich abschwächte, obwohl die FDP sie nachhaltig unterstützte. In der zweiten Phase (1998–2005) gelang es der SPD, dank der Hilfe der Grünen, die Kanzlerschaft zu übernehmen, wobei der baldige Verlust sich anbahnte. 1998 klar stärkste Kraft, war sie es 2002 nur hauchdünn. Seit 2005 dominiert wieder die Union, und zwar zunehmend von Wahl zu Wahl: Betrug der Abstand zur SPD 2005 1,0 Prozentpunkte, so 2009 10,8 Punkte und 2013 15,8 Punkte. Allerdings musste sie zweimal ein Bündnis mit der SPD eingehen. Dieser Befund relativiert den Vorsprung nach Stimmen.

Das Parteiensystem der Bundesrepublik wurde von der Bevölkerung in der DDR bzw. den neuen Bundesländern gewünscht, übernommen und angenommen, erweitert um die PDS (1990–2005), die Linkspartei (2005–2007) bzw. Die Linke (seit 2007). Diese erreichte mit 11,9 % bei der Bundestagswahl 2009 fünfmal mehr Stimmen als die PDS bei der Bundestagswahl 1990 (2,4 %). Die Vermutung, im Osten Deutschlands könne sich vorübergehend eine analoge Entwicklung wie nach 1945 herausbilden, eine Art „Block der Heimatvertriebenen", der die Interessen derjenigen „Ostler" bündelt, die sich als benachteiligt gegenüber dem Westen ansehen, hat getrogen. In gewisser Weise übernahm die PDS eine solche Funktion, indem sie den Ost-West-Gegensatz zu kultivieren suchte.

1. Am 31. Dezember 1990 waren erst wenige ostdeutsche Mitglieder in der Zentralen Mitgliederkartei der CDU erfasst, die Erfassung wurde im Oktober 1991 abgeschlossen. Bestand für Ostdeutschland 1990 (134.409) daher nicht nach der Mitgliederstatistik, sondern nach dem Bericht der CDU-Bundesgeschäftsstelle zum 2. Parteitag der CDU am 14. bis 17. Dezember 1991 in Dresden (S. 24).
2. Durch EDV-Umstellung Anfang 1998 sind insges. 5240 Mitglieder verlorengegangen.

3. 1993: Vereinigung mit Bündnis 90. Der Mitgliederrückgang 2014 ist zum Teil auch auf umfangreiche Datenbereinigungen in manchen Landesverbänden zurückzuführen.
4. 1990 bestanden noch keine westdeutschen Landesverbände; Schätzung der westdeutschen Mitgliederzahl (etwa 600); 2007 Vereinigung der PDS mit der WASG.
5. AfD 2016: Stand 19.04.2017.

Quelle: Oskar Niedermayer, Parteimitgliedschaften im Jahre 2016, in: Zeitschrift für Parlamentsfragen 48 (2017), S. 375.

Die Zahl der Mitglieder ist seit der deutschen Einheit bei der SPD um mehr als die Hälfte gesunken, bei der CDU fast um die Hälfte.[2] Beide Volksparteien hatten Ende 2016 bloß noch rund 430.000 Mitglieder (vgl. Tab. 3.1). Am stärksten sind die Mitgliederverluste der Partei Die Linke im Vergleich zur PDS mit etwa 80 %. Nur die Grünen konnten die Zahl ihrer Mitglieder erhöhen. Damit rangieren sie nun vor der linken und der liberalen Konkurrenz. Ein Menetekel ist das hohe Durchschnittsalter von 60 Jahren bei den CDU- und den SPD-Mitgliedern. Besonders in den neuen Bundesländern ist die Rekrutierungsfähigkeit schwach. Eine Parallele zur Zeit nach 1945 liegt auf der Hand, ungeachtet vielfältiger Unterschiede: Seinerzeit wollte ein beträchtlicher Teil der Bevölkerung nichts von Politik wissen. Im Westen gehören 0,87 % der Parteibeitrittberechtigten der CDU an, im Osten 0,39 %. Besonders krass ist das Verhältnis bei der SPD (0,73 % gegenüber 0,19 %), weniger auffällig bei der FDP (0,08 zu 0,06 %). Hingegen ist bei der Partei Die Linke die Rekrutierungsfähigkeit im Osten fünfmal stärker als im Westen (0,25 zu 0,05).

3.3   Seit 2013

Das Scheitern der FDP an der Fünfprozenthürde bei der Bundestagswahl 2013 war ebenso eine große Überraschung wie das ausgezeichnete Ergebnis für die Union. Die eigenen Stimmenverluste und die Stimmengewinne der Union machten den Grünen ein schwarz-grünes Bündnis wohl unmöglich. SPD und Die

---

[2]Die folgenden Angaben beziehen sich auf den Beitrag von Oskar Niedermayer (2017).

Tab. 3.1 Entwicklung der Parteimitgliedschaften 1990 bis 2016 (Stand jeweils 31.12., Veränderung zum Vorjahr und zu 1990 in Prozent)

	CDU[1]		SPD[2]		CSU		FDP		Grüne[3]		Linke[4]		AfD[5]	
	n	%	n	%	n	%	n	%	n	%	n	%	n	%
1990	789.609	–	943.402	–	186.198	–	168.217	–	41.316	–	280.882	–	–	
1991	751.163	−4,9	919.871	−2,5	184.513	−0,9	140.031	−16,8	38.873	−5,9	172.579	−38,6	–	
1992	713.846	−5,0	885.958	−3,7	181.758	−1,5	103.505	−26,1	36.320	−6,6	146.742	−15,0	–	
1993	685.343	−4,0	861.480	−2,8	177.289	−2,5	94.197	−9,0	39.761	9,5	131.406	−10,5	–	
1994	671.497	−2,0	849.374	−1,4	176.250	−0,6	87.992	−6,6	43.899	10,4	123.751	−5,8	–	
1995	657.643	−2,1	817.650	−3,7	179.647	1,9	80.431	−8,6	46.410	5,7	114.940	−7,1	–	
1996	645.786	−1,8	792.773	−3,0	178.573	−0,6	75.038	−6,7	48.034	3,5	105.029	−8,6	–	
1997	631.700	−2,2	776.183	−2,1	178.457	−0,1	69.621	−7,2	48.980	2,0	98.624	−6,1	–	
1998	626.342	−0,8	775.036	−0,1	178.755	0,2	67.897	−2,5	51.812	5,8	94.627	−4,1	–	
1999	638.056	1,9	755.066	−2,6	183.569	2,7	64.407	−5,1	49.488	−4,5	88.594	−6,4	–	
2000	616.722	−3,3	734.667	−2,7	181.021	−1,4	62.721	−2,6	46.631	−5,8	83.475	−5,8	–	
2001	604.135	−2,0	717.513	−2,3	177.661	−1,9	64.063	2,1	44.053	−5,5	77.845	−6,7	–	
2002	594.391	−1,6	693.894	−3,3	177.705	0,0	66.560	3,9	43.881	−0,4	70.805	−9,0	–	
2003	587.244	−1,2	650.798	−6,2	176.989	−0,4	65.192	−2,1	44.052	0,4	65.753	−7,1	–	
2004	579.526	−1,3	605.807	−6,9	172.892	−2,3	64.146	−1,6	44.322	0,6	61.385	−6,6	–	
2005	571.881	−1,3	590.485	−2,5	170.117	−1,6	65.022	1,4	45.105	1,8	61.270	−0,2	–	
2006	553.896	−3,1	561.239	−5,0	166.928	−1,9	64.880	−0,2	44.677	−0,9	60.338	−1,5	–	

(Fortsetzung)

Tab. 3.1 (Fortsetzung)

	CDU[1]		SPD[2]		CSU		FDP		Grüne[3]		Linke[4]		AfD[5]	
	n	%	n	%	n	%	n	%	n	%	n	%	n	%
2007	536.668	−3,1	539.861	−3,8	166.392	−0,3	64.078	−1,2	44.320	−0,8	71.711	18,8	–	
2008	528.972	−1,4	520.970	−3,5	162.232	−2,5	65.600	2,4	45.089	1,7	75.968	5,9	–	
2009	521.149	−1,5	512.520	−1,6	159.198	−1,9	72.116	9,9	48.171	6,8	78.046	2,7	–	
2010	505.314	−3,0	502.062	−2,0	153.890	−3,3	68.541	−5,0	52.991	10,0	73.658	−5,6	–	
2011	489.896	−3,1	489.638	−2,5	150.585	−2,1	63.123	−7,9	59.074	11,5	69.458	−5,7	–	
2012	476.347	−2,8	477.037	−2,6	147.965	−1,7	58.675	−7,0	59.653	1,0	63.761	−8,2	–	
2013	467.076	−1,9	473.662	−0,7	148.380	0,3	57.263	−2,4	61.359	2,9	63.756	0,0	17.687	–
2014	457.488	−2,1	459.902	−2,9	146.536	−1,2	54.967	−4,0	60.329	−1,7	60.551	−5,0	20.728	17,2
2015	444.400	−2,9	442.814	−3,7	144.360	−1,5	53.197	−3,2	59.418	−1,5	58.989	−2,6	16.385	−21,0
2016	431.920	−2,8	432.706	−2,3	142.412	−1,3	53.896	1,3	61.596	3,7	58.910	−0,1	26.409	61,2
Veränd. zu 1990	−357.689	−45,3	510.696	−54,1	−43.786	−23,5	−114.321	−68,0	20.280	49,1	−221.972	−79,0	–	–

Linke bekämpften sich im Vorfeld der Wahl heftig. Die AfD war zwar knapp an der Fünfprozenthürde gescheitert, aber bald setzten Erfolge ein.

Das deutsche Parteiensystem hat durch die Entwicklung der letzten Jahre europäische „Normalität" angenommen. Die Ursachen für den Wandel sind vielgestaltiger Natur, struktureller, z. B. Erosion der herkömmlichen Milieus, und situativer, etwa die Flüchtlingskrise. Die als „alternativlos" geltende „Konsenspolitik" hat populistische Proteste provoziert. Populismus, an sich ein schwammiger Begriff, ist vor allem ein Politikstil, der „das Volk", in dieser Lesart eine homogene Einheit, mit einfachen Lösungen gegen die als abgehoben betrachteten Eliten („die da oben") auszuspielen sucht. Populismus muss nicht extremistisch sein, kann es aber.

Die Last der nationalsozialistischen Vergangenheit bremste lange das erfolgreiche Aufkommen einer politischen Kraft, die mit Hinweis auf die deutsche Identität Punkte zu sammeln sucht, und die Existenz einer starken linken Protestpartei bildete zusätzlich ein Hemmnis. Aber der nicht nur subkutane Wandel der Union (mehr der CDU als der CSU) zu einer Partei, die kaum noch frühere Positionen aus dem konservativen Lager vertritt, hat eine „Repräsentationslücke" (Werner Patzelt) entstehen lassen, die nun eine neue Kraft füllt. Wie es der SPD in den achtziger Jahren misslang, das Reüssieren der Grünen zu verhindern, so dürfte heutzutage die Union nicht mehr die Abwanderung von Wählern zur AfD einfangen. Diese stellt auf die nationale Identität ab und besetzt damit eine gesellschaftliche Konfliktlinie. Die These vom „fluiden Fünfparteiensystem" (Oskar Niedermayer), gekennzeichnet durch eine offene Wettbewerbssituation, bedarf daher, jedenfalls bezogen auf die Zahl der Parteien, einer Relativierung.

Wie ist die Ausgangsposition der Parteien für die Bundestagswahl 2017? Angela Merkel hatte mit ihrer Strategie der „asymmetrischen Demobilisierung" (Matthias Jung) die linken Oppositionsparteien geschwächt. Deren Anhänger blieben bei Wahlen vermehrt zu Hause. Nicht zuletzt durch die Annäherung der Union an die SPD in zentralen Fragen (etwa beim Ausstieg aus der Kernenergie oder bei der gleichgeschlechtlichen Partnerschaft) ist mit der AfD eine neue politische Kraft entstanden, die das Konzept der „asymmetrischen Demobilisierung" durchkreuzt. Dieser Befund hat im Zusammenhang mit der Flüchtlingskrise für Verwerfungen zwischen der CDU und der CSU gesorgt. Die bayerische Schwesterpartei fürchtet(e), stark auf den Freistaat fixiert, durch die Öffnung der CDU werde die Stammwählerschaft vergrätzt – diese wende sich in beträchtlichem Maße der AfD zu. Allerdings ist die Union ungeachtet mancher Verluste immer noch die klar dominierende Kraft im Parteiensystem. Paradox genug: wegen Angela Merkel *und* Horst Seehofer.

Für die SPD zahlt sich – wie zwischen 2005 und 2009 und anders als zwischen 1966 und 1969 – ihre Rolle als Juniorpartner der Union offenkundig nicht aus. Obwohl sie in der Großen Koalition eine Reihe ihrer Ziele durchsetzen (etwa den Mindestlohn für Arbeitnehmer, die Rente mit 63 nach 45 Jahren Beitragszahlung, den Doppelpass für Immigranten, die gesetzliche Frauenquote) und sogar beim Kampf um das Amt des Bundespräsidenten mit dem beliebten Außenminister Frank-Walter Steinmeier 2017 reüssieren konnte, kommt sie wohl nicht an die Union heran, vielleicht deshalb, weil ihr der Markenkern fehlt. Ob Martin Schulz hier noch für einen Wandel sorgen kann?

Die Linke scheint das Debakel vom Göttinger Parteitag 2012 – eine Spaltung lag in der Luft – überwunden zu haben. Den beiden Vorsitzenden Katja Kipping und Bernd Riexinger ist der Zusammenhalt der Partei einigermaßen gelungen. Gleichwohl stehen sich systemüberwindende (vor allem im Westen) und reformerische, stärker pragmatisch ausgerichtete Kräfte (vor allem im Osten) nach wie vor gegenüber. Durch die Flüchtlingskrise ist ein weiterer Konflikt ausgebrochen: Die Richtung um Sahra Wagenknecht, lange Repräsentantin der Kommunistischen Plattform, befürwortet ein stärkeres Eingehen auf die Ängste der Bevölkerung, auch der eigenen Wählerschaft, und sieht sich des Vorwurfs ausgesetzt, rechten Populismus zu begünstigen. Sie muss sich zudem sagen lassen, dass sie durch ihre schroffe Programmatik ein Bündnis mit der SPD und den Grünen schon im Vorfeld gefährdet.

Die Grünen müssen zwar am wenigsten Angst vor einem Beutezug der AfD in ihrem postmaterialistisch ausgerichteten Wählerreservoir hegen, aber das dominante Thema Sicherheits- und Flüchtlingspolitik, das bei der Bundestagswahl 2017 vermutlich alles überlagert, bringt sie in die Defensive. Mit uneingeschränkter Willkommenskultur wie mit „Gender-Mainstreaming" sind kaum Stimmen zu gewinnen. Die harte Kritik an der autoritären Politik Putins ist ebenso wenig beliebt. Die vielen Optionsmöglichkeiten der Partei stehen nicht nur für Stärke, sondern auch für Schwäche. Sie könnten eine Zerreißprobe bedeuten.

Nach dem so plötzlichen wie unerwarteten Scheitern an der Fünfprozenthürde bei der Bundestagswahl 2013 haben sich die Aussichten für die FDP, die mit dem negativen Image einer Klientelpartei behaftet ist, allmählich verbessert, auch durch die Flüchtlingspolitik Merkels und durch die Kritik der Liberalen an ihr. Zunehmend setzt sich der Eindruck durch: Deutschland braucht eine Partei, die alle wichtigen und richtigen Entscheidungen in der West-, Ost- wie Deutschlandpolitik mitgetragen hat und „weniger Staat" fordert – eine politische Kraft, die stärker als die Konkurrenz an die Verantwortung des Individuums appelliert.

Die AfD ist nicht fixiert auf die Kritik an der zeitweise weithin unkontrollierten Einwanderung, auch wenn dieses Thema, das Emotionen beflügelt, im Vordergrund steht. Neue politische Gruppierungen üben Anziehungskraft auf politische Glücksritter und Traumtänzer aus. Das gilt auch für die AfD, die sich als Anti-68er-Bewegung begreift. Sollten die internen Streitigkeiten, einerseits bedingt durch Kämpfe zwischen Gemäßigten und Hardlinern, andererseits durch personelle Animositäten, keine überbordenden Ausmaße annehmen, kann die Partei auch auf Bundesebene Wurzeln schlagen. Will sie länger erfolgreich sein, muss sie radikale Strömungen zurückdrängen. Durch die AfD nimmt die Segmentierung ebenso zu wie die Polarisierung des Parteiensystems.

Als die Piratenpartei 2011 in das Berliner Abgeordnetenhaus mit 8,9 % einige zoger war und im nächsten Jahr in die Landtage des Saarlandes (7,4 %), Schleswig-Holsteins (8,2 %) sowie Nordrhein-Westfalens (7,8 %), hielten manche Beobachter eine bundesweite Etablierung der Partei für möglich. Doch ihr Resultat bei der Bundestagswahl 2013 mit 2,2 % desillusionierte, und seit den Landtagswahlen 2014 fällt sie in die pure Bedeutungslosigkeit zurück. Ihr wenig professionelles Personal und ihr Einthemen-Programm („Freiheit im Netz") stoßen beim Elektorat auf Desinteresse. Weder die Angebots- noch die Nachfrageseite spricht für eine Etablierung dieser Kraft.

Die Aussichten der Partei des harten Rechtsextremismus, der NPD, sind zappenduster, wiewohl das Bundesverfassungsgericht sie im Januar 2017 wegen mangelnder Relevanz und fehlender Kampagnefähigkeit nicht verboten hat. Die NPD, die eine ethnisch homogene „Volksgemeinschaft" propagiert, ist in der Mehrheitskultur isoliert, nicht nur im Westen, sondern mittlerweile auch im Osten Deutschlands. Nach ihrem Scheitern in Sachsen (2014) und in Mecklenburg-Vorpommern (2016) in keinem Landesparlament mehr vertreten, spielt die finanziell klamme und ideologisch zerstrittene Partei keine Rolle – sie ist geächtet, nicht geachtet.

Die Bundestagswahl 2017 könnte für eine Zäsur sorgen: mit Blick auf die Anzahl der Parteien im Bundestag. Zog mit den Grünen 1983 eine vierte Partei in das Parlament ein und mit der PDS 1990 eine fünfte, so dürfte dies der AfD nun als sechste gelingen. Sie ist in gewisser Weise eine späte Reaktion auf Bündnis 90/Die Grünen. Die Phase der Parteienkonzentration ist schon vorher zu Ende gegangen.

Koalitionsgefüge 4

4.1 Bis 1990

Deutschland ist eine Koalitionsdemokratie. Das gilt vor allem für den Bund. In der Bundesrepublik Deutschland wurde nach jeder Bundestagswahl eine Koalition gebildet (vgl. Tab. 4.1). 1960/61, am Ende einer Legislaturperiode, gab es das einzige Mal in der Geschichte der Bundesrepublik wegen des Wechsels zweier Minister der Deutschen Partei zur Union eine Einparteienregierung.

In der Vergangenheit ließen die Parteien vor einer Bundestagswahl meistens erkennen, mit wem sie eine Koalition einzugehen wünschten. Das galt zumal für die Zeit mit zwei politischen Lagern. Insofern war die FDP, die nur zwischen 1969 und 1982 an der Seite der SPD stand, wegen ihres Koalitionsvotums nicht das vielbeschworene „Zünglein an der Waage". Die Wähler honorierten deren gelegentliche Eigenständigkeit vor der Wahl nicht, fielen die Ergebnisse von 1957, 1969 und 2002 doch deutlich unterdurchschnittlich aus.

Bei der ersten Bundestagswahl 1949 wollten Konrad Adenauer und Kurt Schumacher, die Spitzenkandidaten von Union und SPD, nach persönlichem Habitus und politischer Ausrichtung höchst unterschiedlich, um nahezu jeden Preis eine große Koalition vermeiden. In beiden Parteien ertönten allerdings Stimmen für ein solches Bündnis. Die FDP, im Frankfurter Wirtschaftsrat gut mit der Union zusammenarbeitend, ließ als antisozialistische Kraft klar ihre Sympathien für eine Koalition mit der Union erkennen, insbesondere für die Wirtschaftspolitik Ludwig Erhards. Das galt ebenso für die aus der Niedersächsischen Landespartei hervorgegangene Deutsche Partei. Die SPD, die mit der vom SED-Regime abhängigen KPD partout nichts zu tun haben wollte, war im Bundestag weithin isoliert.

Vor der zweiten Bundestagswahl 1953 ließ die Union keinen Zweifel daran, die als erfolgreich empfundene Arbeit der Koalition fortzusetzen. So half sie

© Springer Fachmedien Wiesbaden GmbH 2018
E. Jesse, *Bundestagswahlen*, essentials,
DOI 10.1007/978-3-658-18901-3_4

Tab. 4.1 Koalitionen im Bund seit 1949. (Quelle: Frank Decker, Regieren im „Parteienbundesstaat". Zur Architektur der deutschen Politik, Wiesbaden 2011, S. 61)

Kanzler/Kabinett	Beginn der Amtszeit	Regierungsparteien	Regierungsformat	Koalitionstyp
Adenauer I	15.09.1949	CDU/CSU-FDP-DP	ME – K	kl
Adenauer II	09.10.1953	CDU/CSU-FDP-DP-GB/BHE	ME – K	kl (Ü)
Adenauer III	23.07.1955	CDU/CSU-FDP-DP	ME – K	kl (Ü)
Adenauer IV	25.02.1956	CDU/CSU-DP-DA/FVP	ME – K	kl (Ü)
Adenauer V	22.10.1957	CDU/CSU-DP	ME – K	kl (Ü)
Adenauer VI	02.07.1960	CDU/CSU	ME – E	
Adenauer VII	07.11.1961	CDU/CSU-FDP	ME – K	kl
Adenauer VIII	19.11.1962	CDU/CSU	MI – E	
Adenauer IX	13.12.1962	CDU/CSU-FDP	ME – K	kl
Erhard I	20.10.1963	CDU/CSU-FDP	ME – K	kl
Erhard II	16.10.1965	CDU/CSU-FDP	ME – K	kl
Erhard III	28.10.1966	CDU/CSU	MI – E	
Kiesinger	01.12.1966	CDU/CSU-SPD	ME – K	g
Brandt I	21.10.1969	SPD-FDP	ME – K	kl
Brandt II	14.12.1972	SPD-FDP	ME – K	kl
Schmidt I	16.05.1974	SPD-FDP	ME – K	kl
Schmidt II	15.12.1976	SPD-FDP	ME – K	kl
Schmidt III	05.11.1980	SPD-FDP	ME – K	kl
Schmidt IV	17.09.1982	SPD	MI – E	

(Fortsetzung)

Tab. 4.1 (Fortsetzung)

Kanzler/Kabinett	Beginn der Amtszeit	Regierungsparteien	Regierungsformat	Koalitionstyp
Kohl I	01.10.1982	CDU/CSU-FDP	ME – K	kl
Kohl II	29.03.1983	CDU/CSU-FDP	ME – K	kl
Kohl III	11.03.1987	CDU/CSU-FDP	ME – K	kl
Kohl IV	30.10.1990	CDU/CSU-FDP-DSU	ME – K	kl (Ü)
Kohl V	17.01.1991	CDU/CSU-FDP	ME – K	kl
Kohl VI	15.11.1994	CDU/CSU-FDP	ME – K	kl
Schröder I	27.10.1998	SPD-Grüne	ME – K	kl
Schröder II	22.10.2002	SPD-Grüne	ME – K	kl
Merkel I	22.11.2005	CDU/CSU-SPD	ME – K	g
Merkel II	28.10.2009	CDU/CSU-FDP	ME – K	kl
Merkel III	17.12.2013	CDU/CSU-SPD	ME – K	g

ME = Mehrheitsregierung, MI = Minderheitsregierung, K = Koalitionsregierung, E = Einparteienregierung, kl = kleine Koalition, Ü = Überschuss-Koalition (mehr Parteien als zur Bildung der absoluten Mehrheit nötig), g = Große Koalition (gebildet aus den beiden größten Parteien)

der DP, indem sie in einigen Wahlkreisen keinen Kandidaten aufstellte, um ihr Direktmandate zu ermöglichen, wodurch diese wieder in den Bundestag gelangen konnte. Auch die FDP wollte das bisherige Bündnis fortsetzen. Eine derartige Deutlichkeit ließ der Gesamtdeutsche Block/Block der Heimatvertriebenen, der nach der Wahl mit der FDP und der DP zum Juniorpartner der Union avancierte, allerdings vermissen.

1957 kümmerte sich die Union, die massiv gegen die SPD Stellung bezog, als stärkste Kraft nicht um Koalitionsaussagen. Die Repräsentanten der FDP und des GB/BHE lavierten. Diese beiden Parteien, die die Koalition zuvor im Streit verlassen hatten, suchten sich im Wahlkampf als eigenständige Kraft zu profilieren. Hingegen plädierte die DP für eine Fortsetzung der Koalition ohne Wenn und Aber. Die SPD, ohne jede Machtoption, konnte nicht einmal auf eine Juniorpartnerschaft hoffen.

Im Jahre 1961 präsentierte die FDP eine neue Koalitionsstrategie: ein Ja zu einem Bündnis mit der Union (jedoch nicht unter den Bedingungen einer absoluten Mehrheit für sie), ein Nein zu einer erneuten Kanzlerschaft Adenauers. Diese Strategie trug Früchte und führte zu einem großen Erfolg (12,8 %), den die Partei jedoch durch ihren Wortbruch verspielte. Die DP, die sich als Partei der „Einheimischen" ausgerechnet mit dem GB/BHE, der eine ganz andere Wählerklientel ansprach, nämlich Flüchtlinge und Vertriebene, zur Gesamtdeutschen Partei zusammengeschlossen hatte, vermied eine Koalitionsaussage.

Die politische Entwicklung der Jahre zuvor erleichterte der FDP 1965 ein Koalitionsvotum zugunsten der Union ohne Vorbehalte (freilich unter der Kautele, diese werde nicht die absolute Mehrheit erringen), anders als 1961. Schwarz-Gelb, diese Bezeichnung stammt allerdings aus späterer Zeit, hatte gut zusammengearbeitet, zumal ab 1963 unter Ludwig Erhard, dem Nachfolger Konrad Adenauers. Zwar stand die SPD wie bei den Bundestagswahlen zuvor ohne Koalitionspartner da, doch hoffte sie angesichts ihrer starken Annäherung an die Union auf eine Regierungsbeteiligung, zumal sich manche Politiker aus deren Reihen dafür aufgeschlossen zeigten.

Eine Koalitionsaussage für das Wahljahr 1969 war für die FDP ebenso schwierig wie 1957 und 1961, weil sie aufgrund der 1966 gebildeten Großen Koalition die Oppositionsrolle innehatte. Die Partei ließ unter der neuen Führung von Walter Scheel ihre Sympathie für ein Bündnis mit der SPD erkennen, wie dies bereits die Unterstützung Gustav W. Heinemanns bei der Bundespräsidentenwahl im März 1969 signalisiert hatte. Union und SPD schlossen weder die Fortsetzung der Großen Koalition noch ein Bündnis mit den Liberalen aus. Die isolierte rechtsextremistische NPD konnte allenfalls durch ihre parlamentarische Existenz unter Umständen eine kleine Koalition verhindern.

Nachdem die Union die sozial-liberale Regierung die Jahre zuvor heftig atta-ckiert hatte (ihr konstruktives Misstrauensvotum war 1972 gescheitert), trat die FDP vor der Bundestagswahl 1972 entschieden für eine Fortsetzung der mitun-ter zum „historischen Bündnis" (Ralf Dahrendorf) stilisierten sozial-liberalen Koalition ein. Die Sozialdemokraten legten sich vorher ebenso auf den loyalen Koalitionspartner fest. Die Union, ohne Bündnispartner, benötigte für die Regie-rungsbildung eine absolute Mandatsmehrheit.

Im Vorfeld der Bundestagswahlen 1976 und 1980 bestand die bisherige Kons-tellation fort. Allerdings verhielt sich die FDP im Vergleich zu 1972 weniger kon-frontativ gegenüber der Union. Zudem fiel ihre Koalitionsaussage zugunsten der SPD zurückhaltender aus. Von einem „Projekt" war längst keine Rede mehr. Die Kanzlerkandidatur durch Franz Josef Strauß, der betont antiliberal auftrat, hielt die Liberalen 1980 davon ab, stärker auf Distanz zur SPD zu gehen.

Bei der vorgezogenen Bundestagswahl 1983, nach dem „fliegenden" Wechsel der FDP von der SPD zur Union, votierten die Liberalen für die Fortsetzung der neuen Koalition mit der Union, wie dies ihre Zweitstimmenkampagne erkennen ließ. Die SPD stand nun, wie zuvor die Union, isoliert da. Sie strebte kein Bünd-nis mit den als chaotisch empfundenen Grünen an.

1987 hielt die FDP an ihrer Koalitionsaussage zugunsten der Union fest, wie sich umgekehrt diese für die Liberalen als Partner aussprach. Die Grünen votier-ten – erstmals – für ein Bündnis mit der SPD, diese jedoch vermied unter ihrem Kanzlerkandidaten Johannes Rau, ein solches offensiv zu propagieren, wohl des-halb, weil sie die noch wenig etablierte Partei als unberechenbar ansah.

In den 68 Jahren der Geschichte der Bundesrepublik Deutschland stellte die Union in 48 Jahren den Bundeskanzler, die SPD in 20. Die SPD war allerdings in weiteren elf Jahren als Juniorpartner an der Regierung beteiligt. Die FDP bildete in 45 Jahren den Juniorpartner in der Regierung, Bündnis 90/Die Grünen ledig-lich in deren sieben. Das häufigste Modell: Schwarz-Gelb mit 25 Jahren vor Rot-Gelb (13 Jahre), Schwarz-Rot (elf Jahre) und Rot-Grün (sieben Jahre). Zwei der sieben größeren Regierungswechsel (1966, 1969, 1982, 1998, 2005, 2009, 2013) – das Kriterium für „größer" ist die Veränderung der Regierungs- oder Opposi-tionsrolle einer der beiden Volksparteien – fanden zwischen den Wahlen statt, nicht nach Wahlen, nämlich 1966 und 1982. Viermal ist die Hauptregierungspar-tei abgelöst worden, dreimal durch Wahlen (1969, 1998, 2005), ein anderes Mal durch die Umorientierung der FDP innerhalb der Legislaturperiode (1982).

Bei fast allen Regierungswechseln blieb ein Koalitionspartner weiterhin in der Regierung: 1966 trat die SPD in die Regierung ein (die Union verblieb in ihr), 1969 die FDP (die SPD verblieb in ihr), 1982 die Union (die FDP verblieb in ihr), 2005 die Union (die SPD verblieb in ihr), 2009 die FDP (die Union verblieb in ihr), 2013 die SPD (die Union verblieb in ihr). Auf diese Weise wurde der Wandel abgefedert (so die stärker positive Perspektive), zugleich eine grundlegende Neuorientierung blockiert (so die eher negative Interpretation). Nur ein einziges Mal, 1998, erbrachten die Wahlen einen vollständigen Regierungswechsel: SPD und Grüne gelangten in die Regierung, Union und FDP schieden aus ihr aus. Das Paradoxe: Die Wähler wollten eher einen „Politikerwechsel", weniger einen „Politikwechsel" (Matthias Jung/Dieter Roth).

Auch in den Bundesländern herrsch(t)en in der Regel Koalitionsregierungen vor. Vielfach ist hier die konkurrenzdemokratische Komponente nicht so stark entfaltet wie die konkordanzdemokratische. Ein wesentlicher Grund für die Auszehrung des politischen Wettbewerbs dürfte in der eher geringen Relevanz der Landespolitik liegen. Fast in jedem alten Bundesland hat es ungefilterte Regierungswechsel gegeben (bis auf Bayern und Bremen), aber in kaum einem ostdeutschen (nur in Sachsen-Anhalt – und hier gleich zweimal: 1994 und 2002).

Für die Akzeptanz des demokratischen Systems war der folgende Sachverhalt anfangs von großem Gewicht: Die im Bund als Koalitionspartner lange Zeit isolierte SPD stellte in einer Reihe von Bundesländern den Regierungschef, sei es in einer Alleinregierung, sei es in einer Koalition. Auf diese Weise konnte sie Vorbehalte bei der Wählerschaft wie bei Parteien des „bürgerlichen" Spektrums nach und nach abbauen und „Regierungsfähigkeit" nachweisen.

Nach der Anfangszeit mit Allparteienregierungen gab es in den 1950er Jahren kein einheitliches Koalitionsmuster. Mit zwei Ausnahmen (in Baden-Württemberg war von 1952 bis 1953 der Liberale Reinhold Maier der Ministerpräsident, in Niedersachsen von 1955 bis 1959 Heinrich Hellwege aus den Reihen der DP, obwohl diese Parteien nicht über die größte Anzahl an Abgeordneten verfügten) stellte entweder die Union oder die SPD den Regierungschef. Die Vielfalt der Koalitionsregierungen ging auf die Existenz kleinerer Parteien wie der DP und dem GB/BHE zurück. Obwohl die Union zwischen 1961 und 1966 auf Bundesebene mit der FDP koalierte, entstanden in dieser Zeit Regierungsbündnisse aus SPD und FDP, so in Bremen (ab 1963), in Hamburg (ab 1961) und Niedersachsen (ab 1963). Auch in der Zeit der Großen Koalition (1966–1969) schlugen die bundespolitischen Verhältnisse nicht auf die Konstellationen in den Ländern durch. Christlich-liberale und sozial-liberale Bündnisse blieben erhalten.

Das wurde zur Zeit der sozial-liberalen Koalition anders. Die heftige Polarisierung zwischen Regierung und Opposition im Bund wirkte massiv auf die Länder zurück. Sofern nicht eine Partei eine absolute Mehrheit der Mandate erhielt, entstanden überall sozial-liberale Bündnisse. Die Liberalen wollten keine Koalition mit der Union eingehen, um nicht den Eindruck zu erwecken, ein Probelauf für den Bund sei geplant. Nur allmählich schwand diese Fixierung auf die SPD, zuerst 1977 in Niedersachsen und im Saarland. Während der schwarz-gelben Regierungszeit im Bund trat dieses Muster nicht so krass in Erscheinung, wiewohl schwarz-gelbe Bündnisse überwogen. In Hamburg (ab 1987) und in Rheinland-Pfalz (ab 1991) kam es zu – gut funktionierenden – Bündnissen der SPD mit den Liberalen.

4.2   Von 1990 bis 2013

Die Kontinuität der Koalitionsaussagen blieb nicht nur bei der ersten gesamtdeutschen Bundestagswahl im Dezember 1990 erhalten: Union und FDP bekundeten ihre gegenseitige Koalitionsbereitschaft. Die SPD machte den Grünen keine Avancen, während diese ein Bündnis mit ihr favorisierten. Die postkommunistische PDS, als Fundamentalopposition auftretend, galt als koalitionsunfähig und begriff sich als koalitionsunwillig.

Auch bei der Bundestagswahl 1994 bestand die bisherige koalitionspolitische Konstellation fort. Die FDP sprach sich im Vorfeld der Bundestagswahl 1994 für die Union aus, diese eindeutig für die FDP. Beide Parteien warnten vor einem von der PDS propagierten „Magdeburger Modell" (Tolerierung einer rot-grünen Regierung durch die PDS). Die SPD lehnte erneut einen Koalitionswahlkampf ab, votierte also nicht ohne Umschweife für die Partei der Grünen, während sich diese für ein Zusammengehen mit den Sozialdemokraten aussprachen. Eine Tolerierung durch die PDS auf Bundesebene stieß bei beiden Parteien auf keine Unterstützung.

Die SPD hielt 1998 eine Doppelstrategie durch, indem sie ihr Koalitionsvotum offenließ: Eine Koalition mit der Union kam für sie ebenso in Frage wie eine mit Bündnis 90/Die Grünen. Auf diese Weise konnte sie einerseits Wählerschichten ansprechen, die einen deutlichen Wandel wünschten, und andererseits solche, die stärker auf Kontinuität setzten. Ihr Ziel und das ihres Spitzenkandidaten Gerhard Schröder lag darin, Wähler in der „neuen Mitte" zu gewinnen. Die SPD, der bewusst war, eine rot-grüne Koalition werde von einer Mehrheit wohl nicht gewünscht, ließ sich nicht auf die Strategie der Union ein. Diese hatte dem Wähler folgende Alternative vor Augen geführt: entweder schwarz-gelb oder rot-grün (gegebenenfalls unter Duldung der PDS). Die Union legte sich auf ein Bündnis mit den Liberalen fest. Einige ihrer Repräsentanten gingen gar so weit, eine große Koalition auszuschließen. Die FDP und Bündnis 90/Die Grünen betonten gleichermaßen unzweideutig, eine Koalition mit „ihrem" großen Partner anzustreben. Die PDS, die sich so entschieden für eine „Wende" in Bonn aussprach und zugleich doch ohne Partner dastand, war in einem Dilemma: Ihr Einzug in das

Bundesparlament konnte eine rot-grüne Koalition verhindern. Ein Bündnis mit der PDS schied für SPD und Grüne aus, ebenso eine Tolerierung durch sie.

Während die Union 2002 ein klares „Koalitionsbekenntnis" für die FDP ablegte, tat dies die Partei der Grünen für die SPD. SPD und FDP dachten weniger in Koalitionskategorien. Die SPD hatte, anders als die Grünen, mehrere Optionen. Die FDP, mit einem Kanzlerkandidaten Guido Westerwelle!, trat selbstbewusst auf und legte sich trotz der Nähe zur Union nicht eigens fest. Die PDS diente sich im Wahlkampf der Sozialdemokratie und den Grünen an, obwohl die beiden Parteien eine Kooperation mit ihr zuvor ausgeschlossen hatten.

Im Bundestagswahlkampf 2005 war es gerade umgekehrt. Die Liberalen führten nun einen Lagerwahlkampf, und die Grünen pochten auf gewisse Eigenständigkeit. Die SPD, ihrerseits auf gewisse Distanz zu den Grünen gehend, stand ohne Koalitionspartner da, während die Union auf den liberalen Juniorpartner setzte. Die Linkspartei schlug im Rahmen ihrer scharfen Kritik an Hartz IV einen Konfrontationskurs ein. Wie in den Wahlkämpfen zuvor hatten die beiden Volksparteien eine Große Koalition als unerwünscht erklärt. Nach der Bundestagswahl 2005 besaß Schwarz-Gelb zwar mehr Stimmen als Rot-Grün, doch fehlte wegen der Stärke der Linkspartei eine Regierungsmehrheit. Wie 1949 reichte es nicht für ein Bündnis einer großen mit einer kleinen Partei. Anders als 1949 entstand kein Bündnis aus einer großen Partei und zwei kleinen. Vielmehr war eine Große Koalition die – so ungewollte wie unvermeidliche – Folge. Zu einer solchen Koalition gab es keine angemessene Alternative. Andere Varianten standen – trotz vielfältiger Diskussionen – nicht ernsthaft zur Debatte. Die beiden großen Parteien buhlten zwar um die Gunst von Liberalen und Grünen, aber die Aussichten waren von vornherein gering. Rot-Gelb-Grün verbot sich deshalb, weil die FDP im Wahlkampf klar auf eine Koalition mit der Union gesetzt hatte, Schwarz-Gelb-Grün ebenso. Ein rot-rot-grünes Bündnis, vor der Wahl von der SPD verworfen, kam erst recht nicht in Frage (ebenso wie eine Tolerierung von Rot-Grün).

Die Union setzte 2009 auf ein Bündnis mit der FDP, diese auf die Union, ohne Wenn und Aber. Die Partei der Grünen votierte für die SPD, diese für sie. Da eine rot-grüne Kooperation augenscheinlich keine Machtoption bedeutete, erweckte die SPD den Eindruck, als ließe sich die FDP für eine Zusammenarbeit gewinnen, obwohl die Liberalen einer „Ampel" eine Absage erteilt hatten. Jedenfalls wollten die Sozialdemokraten nichts von einem Bündnis mit der Partei Die Linke wissen; hingegen schlossen die Grünen ein solches nicht grundsätzlich aus. Die Bildung einer schwarz-gelben Koalition 2009 wurde u. a. durch die Öffnung der Union, vor allem der CDU, gegenüber Positionen der linken Mitte herbeigeführt. Zwar verlor die Union weiter an Stimmen, aber diese kamen der FDP, dem kleinen Koalitionspartner, zugute. Die Liberalen erreichten das beste Ergebnis ihrer Geschichte.

Die in den Ländern gebildeten Koalitionen bewegten sich weithin in den herkömmlichen Bahnen: Rot-Grün oder Schwarz-Gelb. War dies arithmetisch nicht möglich, kamen oft Große Koalitionen zustande. Aus der Not geborene lagerübergreifende Dreier-Bündnisse, von den Wählern nicht „abgesegnet" und mit Reibungsverlusten behaftet, provozieren neue Konflikte. Die zwei „Ampel"-Koalitionen in Brandenburg und Bremen in der ersten Hälfte der 1990er Jahre scheiterten vor Ablauf der Legislaturperiode; auch das 2009 geschmiedete schwarze „Ampel"-Bündnis im Saarland brach 2012 vorzeitig auseinander. Gleiches galt zuvor in Hamburg für die Koalition der CDU und der FDP mit der Schill-Partei (2001–2004). In Hamburg gab es auch die erste schwarz-grüne Koalition (2008–2011), die allerdings ebenfalls vorzeitig beendet wurde.

In den Jahren der rot-grünen Regierung auf Bundesebene (1998–2005) kam es in den Ländern zu keiner schwarz-grünen Koalition, jedoch zu einer rot-gelben (Rheinland-Pfalz ab 2001), außerdem zu zwei rot-roten Bündnissen (Mecklenburg-Vorpommern ab 1998, Berlin ab 2002). Angesichts der gestiegenen Zahl der Parlamentsparteien in den meisten Ländern hat die Vielfalt der Koalitionsmuster zugenommen. Es ist nicht durch bundespolitische Vorgaben bestimmt. Manchmal erwiesen sich Koalitionen aus der Union und der SPD als unumgänglich, so in allen neuen Bundesländern.

4.3   Seit 2013

Anders als 2009 ging die Union 2013 zu der vielfach als sozial „kalt" geltenden FDP etwas auf Distanz, ohne jedoch die Fortsetzung der schwarz-gelben Koalition grundlegend in Frage zu stellen. So widersprach sie vehement der FDP-Zweitstimmenkampagne. Zudem hielt sich die Union die Option einer schwarz-roten und einer schwarz-grünen Koalition offen – sie propagierte diese Varianten jedoch nicht. Die Liberalen hingegen wollten indirekt vom Kanzlerbonus profitieren und favorisierten entschieden ein schwarz-gelbes Bündnis. Das Szenario galt in modifizierter Weise auch für die andere Seite des politischen Spektrums. SPD und Grüne strebten wie 2009 eine Koalition an. Der Schulterschluss lockerte sich jedoch im Wahlkampf: anfangs durch die Grünen, die sich, anders als die Sozialdemokraten, in einem elektoralen Hoch wähnten, zuletzt durch diese, die nicht vom sich andeutenden „Einbruch" der Grünen in Mitleidenschaft gezogen werden wollten. Im Gegensatz zu 2009 machte die SPD der FDP keine Avancen. Beide Oppositionskräfte plädierten bis zum Wahltag, wenngleich abgeschwächt, für ein rot-grünes Bündnis, obwohl eine solche Koalition ohne realistische Chance war. Während die Sozialdemokratie ein Bündnis mit der Partei Die Linke vehement verwarf (wie bisher immer bei Bundestagswahlen), traf das nicht für die Grünen zu, die eine mögliche Koalition mit der Union ebenso nicht von vornherein ablehnten. Die Partei hielt sich demnach mehr als ein Hintertürchen offen. Die Linke attackierte nicht nur die „bürgerliche" Koalition, sondern auch den als Anbiederung an die Union empfundenen Kurs von Rot-Grün. Sie machte sich für ein Bündnis mit den beiden anderen Oppositionsparteien stark, schloss jedoch eine Tolerierung von Rot-Grün aus.

Nahezu unmittelbar nach der Bundestagswahl erklärten Grüne und SPD die „Ausschließeritis" (Tarek Al-Wazir) für beendet. Die Grünen zogen auf ihrem Berliner Parteitag im Oktober 2013 die Konsequenz aus dem dreimaligen Scheitern von Rot-Grün und damit aus ihrer Oppositionsrolle von 2005 an, befürworteten offensiv andere Koalitionsoptionen wie Rot-Grün-Rot und Schwarz-Grün. Und die SPD verabschiedete auf ihrem Bundesparteitag im November 2013 einen Leitantrag, wonach Koalitionen mit der politischen Konkurrenz nicht auszuschließen seien – bis auf rechtsextremistische und -populistische Parteien. Sie will nicht bloß Juniorpartner in einer Großen Koalition sein, sondern wieder den Kanzler stellen. Allerdings sind nicht zuletzt wegen der außenpolitischen Haltung der Partei Die Linke, etwa mit Blick auf das Russland Putins, die Vorbehalte der SPD (und der Grünen) gegenüber der linken Konkurrenz gewachsen.

Die Parteien, schließen, was die Bundesebene betrifft, Koalitionsoptionen immer weniger aus (für die FDP gilt das ebenso), so dass eine Große Koalition bei der arithmetischen Unmöglichkeit eines Lagerbündnisses nicht die einzig gangbare Alternative sein muss. Allerdings wird durch das Aufkommen der AfD manches relativiert: Erstens gehen alle etablierten Parteien auf Distanz zu dieser Partei, die somit nicht als koalitionsfähig gilt. Zweitens kann durch die parlamentarische Existenz der AfD doch wieder eine Große Koalition ins Spiel kommen, wenn etwa eine schwarz-grüne oder eine rot-grün-rote Mehrheit ausbleibt.

Die jeweilige Koalitionsbildung hängt von vielen Unwägbarkeiten ab: von arithmetischen wie von politischen. Was nützt eine arithmetische Mehrheit für zwei Parteien, wenn ein politischer Konsens fehlt? So war es 2013 mit Schwarz-Grün im Bund. Umgekehrt gilt: Was nützt ein politischer Konsens, wenn eine arithmetische Mehrheit fehlt? So könnte es 2017 mit Schwarz-Grün sein. Spiegelverkehrt gilt das für Rot-Rot-Grün. Diese Variante erwies sich 2013 als arithmetisch möglich, aber nicht als politisch. Und 2017 ist sie politisch vielleicht möglich, jedoch wohl nicht arithmetisch. Allerdings stimmt die Parallele nicht ganz: Vor der Bundestagswahl 2013 hatte weder die Union noch Bündnis 90/ Die Grünen eine schwarz-grüne Koalition ausgeschlossen, hingegen die SPD ein Bündnis mit der Partei Die Linke. Ansonsten wäre wohl eine arithmetische rot-rot-grüne Mehrheit ausgeblieben, wollten doch manche Wähler der SPD und von Bündnis 90 um keinen Preis eine derartige Koalition.

Die gewachsene Fragmentierung des Parteiensystems erschwert die Koalitionsbildung, wie die Jahre 2014 bis 2017 zeigen (vgl. Tab. 4.2). Ein Extrembeispiel: CDU und SPD mussten 2016 in Sachsen-Anhalt zur Erlangung einer regierungsfähigen Mehrheit mit den Grünen ein Bündnis eingehen („Kenia"-Koalition). Damit ist zwar nicht für den Bund zu rechnen, aber die Bildung herkömmlicher Zweierkoalitionen ist erschwert (Schwarz-Gelb), wenn nicht gar faktisch unmöglich (Rot-Grün), jedenfalls gegenwärtig. Angesichts des Weimarer Traumas gelten Minderheitsregierungen nicht als sinnvolle Alternative, schon gar nicht für den Bund.

Der Ausgang der drei Landtagswahlen 2014 in Sachsen, Brandenburg und Thüringen brachte unter dem Gesichtspunkt der Koalitionsbildung eine Überraschung: Der Partei Die Linke gelang es, 25 Jahre nach der friedlichen Revolution mit Bodo Ramelow das Amt des thüringischen Ministerpräsidenten zu übernehmen. SPD und Bündnis 90/Die Grünen hatten zuvor eine Regierungsbildung mit ihr nicht ausgeschlossen. Zudem setzte Brandenburg die rot-rote Koalition fort. Nach den Wahlen in den Stadtstaaten Bremen und Hamburg 2015 bildeten SPD und Grüne jeweils die Regierung, wobei die SPD in Hamburg ihre Mandatsmehrheit verloren hatte.

Tab. 4.2 Regierungsbildung in den Ländern seit den Bundestagswahlen 2013. (Quelle: Eigene Zusammenstellung)

	Vorher	Nachher
Sachsen	CDU – FDP	CDU – SPD
Thüringen	CDU – SPD	Die Linke – SPD – B90/Grüne
Brandenburg	SPD – Die Linke	SPD – Die Linke
Hamburg	SPD	SPD – B90/Grüne
Bremen	SPD – B90/Grüne	SPD – B90/Grüne
Baden-Württemberg	B90/Grüne – SPD	B90/Grüne – CDU
Rheinland-Pfalz	SPD – B90/Grüne	SPD – FDP – B90/Grüne
Sachsen-Anhalt	CDU – SPD	CDU – SPD – B90/Grüne
Mecklenburg-Vorpommern	SPD – CDU	SPD – CDU
Berlin	SPD – CDU	SPD – Die Linke – B90/Grüne
Saarland	CDU – SPD	CDU – SPD
Schleswig-Holstein	SPD – B90/Grüne – SSW	CDU – B90/Grüne – FDP
Nordrhein-Westfalen	SPD – B90/Grüne	CDU – FDP

Der Ausgang der fünf, jeweils stark von den Folgen der „Flüchtlingskrise" geprägten Wahlen 2016 in Baden-Württemberg, Rheinland-Pfalz, Sachsen-Anhalt, Mecklenburg-Vorpommern und in Berlin führte mitunter zu schwierigen Regierungsbildungen. Die SPD hatte in den beiden ostdeutschen Ländern eine Koalition mit der Partei Die Linke jeweils nicht ausgeschlossen, wohl aber in den westdeutschen. In Berlin gelangte sie in die Regierung, da hier wie in Rheinland-Pfalz und Sachsen-Anhalt eine Koalition aus drei Parteien gebildet wurde, zum Teil gebildet werden musste. Von diesem Umstand profitierten besonders die Grünen. Obwohl sie bis auf Baden-Württemberg dank ihres Ministerpräsidenten Winfried Kretschmann überall Stimmen einbüßten, gelangten sie wie die Sozialdemokraten viermal in die Regierung. Selbst die FDP konnte in einem Bundesland (Rheinland-Pfalz) wieder in das Kabinett rücken, und das in einer „Ampel"-Koalition.

Bei den drei Landtagswahlen 2017 im Saarland, in Schleswig-Holstein und in Nordrhein-Westfalen tat sich die SPD im Vorfeld schwer mit einer klaren Position gegenüber der Partei Die Linke. Spielte das Thema im Norden keine Rolle, so hatte die SPD im Saarland eine Koalition mit der Linken zwar nicht direkt angestrebt, aber keinesfalls ausgeschlossen. In Nordrhein-Westfalen gab die SPD erst wenige Tage vor der Wahl bekannt, ein Bündnis komme mit ihr nicht in Frage. In allen drei Ländern stellt nun die CDU den Ministerpräsidenten. Wäre die AfD nicht in den Landtag des Saarlandes gelangt, hätte dort Rot-Rot eine knappe Mehrheit erreicht. Wurde in Schleswig-Holstein die „Küstenkoalition" (SPD, Grüne und SSW) durch eine schwarze „Ampel" abgelöst, so gelang der CDU und der FDP in Nordrhein-Westfalen, dem deutlich größten Bundesland, der einzige ungefilterte Regierungswechsel zwischen 2014 und 2017: Die beiden Oppositionsparteien bilden nun die Regierung, die beiden Regierungsparteien die Opposition (zusammen mit der AfD).

In Parlamenten mit jeweils fünf oder gar sechs Fraktionen ist die Regierungsbildung schwierig, zumal dann, wenn die AfD als Koalitionspartner ausfällt: sowohl nach eigener Lesart als auch nach dem Bekunden der Konkurrenz. Zum Teil gilt dies ebenso für die Partei Die Linke. Zudem möchte der Wähler nicht die „Katze im Sack kaufen". Die Parteien stehen vor einem Dilemma: Einerseits wollen sie den Wählern signalisieren, für welche Koalition sie zur Verfügung stehen, andererseits verbauen sie sich dadurch ihre bündnispolitische Flexibilität. Gegenwärtig gibt es nur in Bayern eine Einparteienregierung, nämlich durch die CSU. Der Ausblick auf die Bundesländer führt mit Blick auf die Koalitionskonstellation 2017 im Bund wenig weiter. Die SPD ist allein an elf Landesregierungen beteiligt, die Union ebenso an neun wie Bündnis 90/Die Grünen, die Partei Die Linke wie die FDP jeweils an drei.

Sollte ein Bündnis der Union mit der FDP im Bund nicht an der Arithmetik scheitern, ist diese lagerinterne Zweierkoalition am wahrscheinlichsten. Angesichts der Öffnung der SPD und der Grünen für andere Optionen liegt eine lagerexterne Zweierkoalition von Union und Grünen im realistischen Bereich, ebenso eine lagerexterne Dreierkoalition (Schwarz-Grün-Gelb), weniger ein rot-rot-grünes Bündnis (eine lagerinterne Dreierkoalition). Trotz der mangelnden Übertragbarkeit der Koalitionsbündnisse von den Ländern auf den Bund: Für die SPD ist das thüringische Experiment 2014 (und das Berliner Experiment 2016) so wichtig wie das hessische 2013 für die Union (und das sachsen-anhaltische 2016), obgleich beide Seiten von einem „Testfall" nichts wissen wollen, um nicht die eigene Klientel zu irritieren.

Eine Koalition zwischen Schwarz und Grün, zuweilen als Bündnis der „neuen Bürgerlichkeit" (Volker Kronenberg) apostrophiert, ist unter demokratietheoretischen Aspekten sinnvoll – zum einen, weil es aus eindeutig demokratischen Kräften besteht, zum anderen, weil es lediglich zwei Parteien umfasst. Das in Dreier-Koalitionen angelegte Konfliktpotential wäre ungleich größer. Tatsächlich würde ein solch lagerexternes Bündnis den ohnehin (zu) stark konsensdemokratisch ausgerichteten Charakter des politischen Systems weiter festigen. Ein „Projekt" ist Schwarz-Grün nicht, erst recht nicht Schwarz-Grün-Gelb, ebenso nicht Rot-Grün-Gelb (vermutlich weder arithmetisch noch politisch „machbar"). Allerdings sind solche Zweckbündnisse wohl besser als Große Koalitionen oder Bündnisse unter Einbeziehung einer nicht klar zum Verfassungsbogen zu rechnenden Kraft.

Unter demokratietheoretischen Gesichtspunkten ist es betrüblich, dass der Bürger „nur" für eine Partei votiert, nicht aber für eine Regierung. Das Dilemma stellt sich besonders für das Elektorat der Grünen, die nach zwölf Jahren Opposition im Bund wieder in die Regierung drängen. Zum einen bieten sich ihnen besonders viele Optionen, zum anderen haben sie in einer Regierung weniger Einfluss als eine Volkspartei. Insofern wäre gerade für ihre Wähler die erste Koalitionspräferenz der Partei wichtig, spielt es doch eine große Rolle, ob die Grünen eine Koalition mit der Union (und gegebenenfalls der FDP) eingehen oder mit der SPD und der Partei Die Linken. Der Einwand, nach der Wahl könnte die Partei ihre Mitglieder befragen, ob sie mit einem ins Auge gefassten Bündnis einverstanden seien, verfängt nicht. Zum einen dürfen bloß Mitglieder abstimmen, zum anderen wollen diese ihre Führung nicht brüskieren.

Was Sie aus diesem *essential* mitnehmen können

- Es besteht ein enger Zusammenhang zwischen Wahlen, Parteien und dem Koalitionsgefüge. Da eine Partei bei Bundestagswahlen keine 50 % der Mandate erreicht, sind Koalitionen unvermeidlich. Minderheitsregierungen kommen in Deutschland aufgrund der Last der Vergangenheit nicht in Frage, jedenfalls nicht auf Bundesebene. Je größer der Fragmentierungsrad des Parteiensystem ist, umso schwieriger gestaltet sich die Koalitionsbildung.
- Die Wahlen sind in Deutschland durch ein immer höheres Maß an Volatilität bestimmt. Bundestagswahlen gelten als „Hauptwahlen", Europa-, Landtags- und Kommunalwahlen als „Nebenwahlen". Hier ist die Wahlbeteiligung deutlich niedriger, auch wenn sie bei den Bundestagswahlen ebenfalls zurückgeht. Mittlerweile spielen für den Wahlausgang Programme eine unwichtigere Rolle, (Spitzen-)Politiker eine wichtigere.
- Das Parteiensystem in Deutschland hat sich wegen der nachlassenden Integrationskraft der „Großen" aufgefächert: von einem Dreiparteiensystem in den sechziger und siebziger Jahren zu einem Vierparteiensystem in den achtziger (durch die Grünen) und einem Fünfparteiensystem in den neunziger Jahren (durch Die Linke). Nun könnte sich dieses zu einem Sechsparteiensystem auch auf Bundesebene erweitern (durch die AfD).
- Das Koalitionsgefüge in Deutschland wird durch die Vielzahl der Bündnisoptionen unübersichtlicher. Herkömmliche Lager-Koalitionen (Schwarz-Gelb versus Rot-Grün) lassen sich schwieriger bilden. Oft ist lediglich eine Große Koalition der letzte Ausweg. Unter demokratietheoretischen Gesichtspunkten mutet es problematisch an, dass der Bürger nur für eine Partei stimmen kann, nicht für eine Regierung. Schließlich will der Wähler nicht „die Katze im Sack kaufen".

© Springer Fachmedien Wiesbaden GmbH 2018
E. Jesse, *Bundestagswahlen*, essentials,
DOI 10.1007/978-3-658-18901-3

Literatur

Arnim, Hans Herbert von. 2009. *Das Versagen der Politik. Volksparteien ohne Volk:* München: C. Bertelsmann.

Best, Volker. 2013. Wie weiter nach dem Ende der Wunschkoalitionen? Institutionelle Konsequenzen und Reformvorschläge. In *Die deutsche Koalitionsdemokratie vor der Bundestagswahl 2013. Parteiensystem und Regierungsbildung im internationalen Vergleich,* Hrsg. Frank Decker und Eckhard Jesse, 299–320. Baden-Baden: Nomos.

Best, Volker. 2015. *Koalitionssignale bei Landtagswahlen: Eine empirische Analyse von 1990 bis 2012.* Baden-Baden: Nomos.

Brandstetter, Marc. 2013. *Die NPD unter Udo Voigt: Organisation-Ideologie-Strategie.* Baden-Baden: Nomos.

Bräuninger, Thomas, und Marc Debus. 2012. *Parteienwettbewerb in den deutschen Bundesländern.* Wiesbaden: Springer VS.

Bukow, Sebastian, und Uwe Jun, Hrsg. 2017. *Parteien unter Wettbewerbsdruck.* Wiesbaden: Springer VS.

Decker, Frank. 2011. *Regieren im „Parteienbundesstaat": Zur Architektur der deutschen Politik.* Wiesbaden: Springer VS.

Decker, Frank. 2013. Das Parteiensystem vor und nach der Bundestagswahl 2013. *Zeitschrift für Staats- und Europawissenschaften* 11:323–342.

Decker, Frank, und Eckhard Jesse, Hrsg. 2013. *Die deutsche Koalitionsdemokratie vor der Bundestagswahl 2013: Parteiensystem und Regierungsbildung im internationalen Vergleich.* Baden-Baden: Nomos.

Decker, Frank, und Viola Neu, Hrsg. 2017. *Handbuch der deutschen Parteien,* 3. Aufl. Wiesbaden: Springer VS.

Falter, Jürgen W., und Harald Schoen, Hrsg. 2005. *Handbuch Wahlforschung.* Wiesbaden: Springer VS.

Horst, Patrick. 2010. Koalitionsbildungen und Koalitionsstrategien im neuen Fünfparteiensystem der Bundesrepublik Deutschland. *Zeitschrift für Politikwissenschaft* 20:327–408.

© Springer Fachmedien Wiesbaden GmbH 2018
E. Jesse, *Bundestagswahlen,* essentials,
DOI 10.1007/978-3-658-18901-3

Jesse, Eckhard. 2007. Die Koalitionsaussagen der Parteien vor Bundestagswahlen. In *Das Parteienspektrum im wiedervereinigten Deutschland,* Hrsg. Eckhard Jesse, und Eckart Klein, 85–96. Berlin: Duncker & Humboldt.

Jesse, Eckhard. 2013. Nach allen Seiten offen? Der Ausgang der Bundestagswahl 2013 und mögliche Folgen für das Parteiensystem und das Koalitionsgefüge. *Zeitschrift für Politik* 60:374–392.

Jesse, Eckhard. 2017. Koalitionspolitik. In *Handbuch der deutschen Parteien,* 3. Aufl., Hrsg. Frank Decker und Viola Neu, 127–147. Wiesbaden: Springer VS.

Jesse, Eckhard, und Roland Sturm, Hrsg. 2014. *Bilanz der Bundestagswahl 2013: Voraussetzungen, Ergebnisse, Folgen,* Baden-Baden: Nomos.

Jun, Uwe. 1994. *Koalitionsbildung in den deutschen Bundesländern: Theoretische Betrachtungen, Dokumentation und Analyse der Koalitionsbildung auf Länderebene seit 1949.* Opladen: Leske + Budrich.

Jun, Uwe, und Lasse Cronqvist. 2013. Sind Länderkoalitionen präjudizierend für den Bund? Die Interdependenz von Regierungsbildungen im föderalen System. In *Die deutsche Koalitionsdemokratie vor der Bundestagswahl 2013. Parteiensystem und Regierungsbildung im internationalen Vergleich,* Hrsg. Frank Decker und Eckhard Jesse, 215–240. Baden-Baden: Nomos.

Kaack, Heino. 1971. *Geschichte und Struktur des deutschen Parteiensystems.* Opladen: Westdeutscher Verlag.

Kronenberg, Volker. 2013. Innovatives Projekt einer neuen Bürgerlichkeit? Schwarz-Grün als neues Modell. In *Die deutsche Koalitionsdemokratie vor der Bundestagswahl 2013: Parteiensystem und Regierungsbildung im internationalen, Vergleich,* Hrsg. Frank Decker und Eckhard Jesse, 405–417. Baden-Baden: Nomos.

Kronenberg, Volker, Hrsg. 2016. *Schwarz-Grün: Erfahrungen und Perspektiven:* Wiesbaden: Springer VS.

Kronenberg, Volker, und Tilman Mayer, Hrsg. 2009. *Volksparteien: Erfolgsmodell für die Zukunft?* Freiburg: Herder.

Kronenberg, Volker, und Christoph Weckenbrock, Hrsg. 2010. *Schwarz-Grün: Die Debatte.* Wiesbaden: Springer VS.

Michel, Marco. 2015. *Die Bundestagswahlkämpfe der FDP 1949–2002,* Wiesbaden: Springer VS.

Müller, Wolfgang C., und Kaare Strøm, Hrsg. 1998. *Policy, Office, or Votes? How Political Parties in Western Europe Make Hard Decisions.* Cambridge: Cambridge University Press.

Niedermayer, Oskar. 2012. Regionalisierung des Wahlverhaltens und des Parteiensystems auf der Bundesebene 1949 bis 2009. In *Wählen in Deutschland (=Politische Vierteljahresschrift Sonderheft 45),* Hrsg. Rüdiger Schmitt-Beck, 134–156. Baden-Baden: Nomos.

Niedermayer, Oskar, Hrsg. 2013. *Handbuch Parteienforschung.* Wiesbaden: Springer VS.

Niedermayer, Oskar, Hrsg. 2015. *Die Parteien nach der Bundestagswahl 2013.* Wiesbaden: Springer VS.

Niedermayer, Oskar. 2017. *Parteimitgliedschaften im Jahr 2016. Zeitschrift für Parlamentsfragen* 48:370–396.

Niedermayer, Oskar und Stöss, Richard, Hrsg. 1994. *Parteien und Wähler im Umbruch: Parteiensystem und Wählerverhalten in der ehemaligen DDR und den neuen Bundesländern.* Opladen: Springer VS.

Nohlen, Dieter. 2014. *Wahlrecht und Parteiensystem: Zur Theorie und Empirie der Wahlsysteme,* 7. Aufl., Opladen: Barbara Büdrich.

Oberhofer, Julia, und Roland Sturm Hrsg. 2010. *Koalitionsregierungen in den Ländern und Parteienwettbewerb*. München: Littera.

Pappi, Franz Urban. 2009. Regierungsbildung im deutschen Fünf-Parteiensystem. *Politische Vierteljahresschrift* 50:187–202.

Rattinger, Hans, Oscar W. Gabriel, und Jürgen W. Falter, Hrsg. 2007. *Der gesamtdeutsche Wähler: Stabilität und Wandel des Wählerverhaltens im wiedervereinigten Deutschland*. Baden-Baden: Nomos.

Roth, Dieter. 2008. *Empirische Wahlforschung: Ursprung. Theorien, Instrumente und Methoden*, 2. Aufl. Wiesbaden: Springer VS.

Saalfeld, Thomas. 2007. *Parteien und Wahlen*. Baden-Baden: Nomos.

Schäfer, Armin. 2016. Nichtwählerinnen und Nichtwähler in Deutschland. In *Wahlen und Demokratie. Reformoptionen des deutschen Wahlrechts*, Hrsg. Tobias Mörschel, 31–75. Baden-Baden: Nomos.

Schlegel, Erik. 2016. *Quo vadis Piratenpartei?: Analyse der politischen Wettbewerbsfaktoren zur (Nicht-)Etablierung im Parteiensystem*. Baden-Baden: Nomos.

Schmitt-Beck, Rüdiger, Hrsg. 2012. *Wahlen in Deutschland (Politische Vierteljahresschrift Sonderheft 45)*. Wiesbaden: Springer VS.

Schoen, Harald, und Bernhard Weßels, Hrsg. 2016. *Wahlen und Wähler. Analysen aus Anlass der Bundestagswahl 2013*. Wiesbaden: Springer VS.

Schoen, Harald, und Christian Zettl. 2012. Alte Allianzen, neue Bündnisse oder alle im Fluss? Gesellschaftliche Konfliktlinien und Wahlverhalten im vereinten Deutschland. In *Bilanz der Bundestagswahl 2009: Voraussetzungen, Ergebnisse, Folgen*. Hrsg. Eckhard Jesse und Roland Sturm, 117–134. Baden-Baden: Nomos.

Schubert, Thomas. 2012. Ein- und Zweiparteienregierungen als Auslaufmodell? Neuer Koalitionspluralismus in den Ländern seit 1990. In *„Superwahljahr" 2011 und die Folgen*, Hrsg. Eckhard Jesse und Roland Sturm, 191–213. Baden-Baden: Nomos.

Schubert, Thomas. 2013. (K)eine aussterbende Spezies? Kompetitive Hegemonialparteiensysteme und die Faktoren ihres Parteienwettbewerbs am Beispiel von Baden-Württemberg, Bayern und Sachsen. *Zeitschrift für Politik* 60:393–413.

Spier, Tim. 2010. Das Ende der Lagerpolarisierung? Lagerübergreifende Koalitionen in den deutschen Bundesländern 1949–2009. In *Die Bundestagswahl 2009: Analysen der Wahl-, Parteien-, Kommunikations- und Regierungsforschung*, Hrsg. Karl-Rudolf Korte, 296–319. Wiesbaden: Springer VS.

Strohmeier, Gerd. 2009. Minderheitsregierungen in Deutschland auf Bundesebene. Krise oder Chance. Ergebnisse eines internationalen Vergleichs. *Zeitschrift für Politik* 56:260–283.

Sturm, Roland. 2013. Woran scheitern Länderkoalitionen? Eine theoriegeleitete empirische Analyse. In *Die deutsche Koalitionsdemokratie vor der Bundestagswahl 2013. Parteiensystem und Regierungsbildung im internationalen Vergleich*, Hrsg. Frank Decker und Eckhard Jesse, 241–258. Baden-Baden: Nomos.

Switek, Niko. 2017. Ampel, Kenia und Kiwi – Neue Vielfalt der Regierungskoalitionen. In *Regieren in der Einwanderungsgesellschaft: Impulse zur Integrationsdebatte aus Sicht der Regierungsforschung*, Hrsg. Christoph Bieber et al., 81–88. Wiesbaden: Springer VS.

Traeger, Hendrik. 2015. Ein Vierteljahrhundert Wahlen in Ost und West (1990–2014): Regionale Unterschiede und Gemeinsamkeiten. *Zeitschrift für Parlamentsfragen* 46:57–81.

Traeger, Hendrik. 2017. Koalitionen in Sachsen-Anhalt: Ein kleines Land mit *Magdeburger Modell* und *Kenia-Koalition* als bundesweiter Trendsetter. In *Politik und Regieren in Sachsen-Anhalt*, Hrsg. Hendrik Traeger und Sonja Priebus, 165–180. Wiesbaden: Springer VS.

Völk, Josef A. 1989. *Regierungskoalitionen auf Bundesebene*. Regensburg: Roderer.

Völkl, Kerstin. 2009. *Reine Landtagswahlen oder regionale Bundestagswahlen?: Eine Untersuchung des Abstimmungsverhaltens bei Landtagswahlen 1990–2006*. Baden-Baden: Nomos.

Völkl, Kerstin, Kai-Uwe Schnapp, Everhard Holtmann, und Oscar W. Gabriel, Hrsg. 2008. *Wähler und Landtagswahlen in der Bundesrepublik Deutschland*. Baden-Baden: Nomos.

Weckenbrock, Christoph. 2017. *Schwarz-grüne Koalitionen in Deutschland: Erfahrungswerte aus Kommunen und Ländern und Perspektiven für den Bund*. Baden-Baden: Nomos.

Weßels, Bernhard, Harald Schoen, und Oscar W. Gabriel, Hrsg. 2013. *Wahlen und Wähler, Analysen und Anlass der Bundestagswahlen 2009*. Wiesbaden: Springer VS.